Trichotillomanie

Fragen und Antworten zum
zwanghaften Haare ausreißen

Antonia Peters (Hrsg.)

Trichotillomanie
Fragen und Antworten zum
zwanghaften Haare ausreißen

Mit einer Einführung
von Prof. Dr. med. Iver Hand

Bibliografische Information der Deutschen Nationalbibliothek
Die Deutsche Nationalbibliothek verzeichnet diese Publikation in der Deutschen Nationalbibliografie; detaillierte bibliografische Daten sind im Internet über <http://dnb.ddb.de> abrufbar.

Geschützte Warennamen (Warenzeichen) werden nicht besonders kenntlich gemacht. Aus dem Fehlen eines solchen Hinweises kann also nicht geschlossen werden, dass es sich um einen freien Warennamen handelt.
Das Werk, einschließlich aller seiner Teile, ist urheberrechtlich geschützt. Jede Verwertung außerhalb der engen Grenzen des Urheberrechtsgesetzes ist ohne Zustimmung des Verlages unzulässig und strafbar. Das gilt insbesondere für Vervielfältigungen, Übersetzungen, Mikroverfilmungen und die Einspeicherung und Verarbeitung in elektronischen Systemen.

Korrespondenzadresse:
Infostelle Trichotillomanie
Antonia Peters
Papenstraße 63 B
D-22089 Hamburg
Email: TrichoHH@t-online.de

© 2008 Pabst Science Publishers, D-49525 Lengerich

Satz u. Umschlaggestaltung: B. Brand, München
Titelfoto: © Lucay, PIXELIO
Druck: KM-Druck2.0, D-64823 Groß Umstadt

7. Auflage 2024
Alle Rechte vorbehalten
ISBN: 978-3-89967-425-5

Inhalt

Vorwort/Danksagung 9

Einführung: Trichotillomanie – wie kam sie zur Verhaltenstherapie? 11

Annas Geschichte 17

Trichotillomanie: Grundlagen und ambulante Behandlung (1) 21

Trichotillomanie: Grundlagen und ambulante Behandlung (2) 31

Medikamentöse Behandlungsmöglichkeiten der Trichotillomanie 41

Trichotillomanie – Stationäre Behandlung 47

Trichotillomanie im Kindes- und Jugendalter 53

Trichotillomanie bei Kindern und Jugendlichen –
Tipps für Betroffene und ihre Eltern 57

Tipps für Angehörige 64

Selbsthilfegruppen – eine wichtige Unterstützung 67

Trichotillomanie in der hautärztlichen Versorgung 73

Empfehlungen eines Friseurs 75

Was kann ich selber tun?
40 Strategien gegen das Haareausreißen von A bis Z 79

Claudias Geschichte 90

Abbildungen 93

14 Monate reißfrei! 95

Fallbericht Herr H. 99

Was ist die Botschaft dieses Haares? Ein Fallbericht 109

Fallbericht Cordula 118

Aus Verzweiflung wächst positive Kraft –
Leben mit Trichotilomanie 121

Anhang

Autoren 145

Info- und Beratungsstelle Trichotillomanie 153

Literatur 155

Fehltritt

von Steffi

Meine Gedanken schwirren umher
Irgendwie spüre ich nichts, in mir ist es leer
Ich lasse meinen Gedanken freien Lauf
Ich gebe nicht auf
Ich fasse fest den Entschluss
Trotz des Verdruss
Ja, ich habe gerissen
Und es geht mir für den Moment beschissen
Reißfrei tagelang
Und plötzlich dieser Drang
Ich konnte nicht wiederstehen
Doch ich muss meinen Weg weiter gehen
Meine Gedanken schwirren umher
Ich möchte reißfrei werden, ich wünsch es mir so sehr
Ich schließe die Augen, ich glaube fest daran
Ich werde es schaffen, irgendwann
Ich arbeite daran Schritt vor Schritt
Nehme meine Fehltritte mit
Meine Gedanken schwirren umher
In mir ist es nicht mehr leer
Denn ich habe ein Ziel vor Augen
Ich muss nur fest daran glauben

Tu du es auch!

Vorwort

Liebe Leserin, lieber Leser!

Ein Buch über die Störung zu schreiben, an der ich als Betroffene jahrelang gelitten habe, ist schon eine große Herausforderung!
Über 30 Jahre habe ich selbst nicht gewusst, an was ich eigentlich leide. Sehr oft habe ich in diesen vielen Jahren versucht, alleine gegen den Impuls zum Haareausreißen zu kämpfen. Der Zwang war aber immer stärker.
Meine Familie und Freunde waren ratlos und verzweifelt. Therapeuten, die ich damals um Hilfe bat, kannten meine „Macke" nicht und konnten nicht helfen.
Erst vor 10 Jahren erfuhr ich, dass „Haareausreißen" eine anerkannte psychische Erkrankung ist und Trichotillomanie heißt.
Erleichtert nutzte ich die Chance, nahm an der ersten Hamburger Studie zu Trichotillomanie teil und lernte in einer Verhaltenstherapie unter anderem, Gefühle zu zulassen, Konflikte nicht mehr zu meiden und übergroße Erwartungen an mich und andere auf ein Normalmaß herunter zu schrauben. Ich habe erfahren, dass es Hilfe und Strategien gibt, um Trichotillomanie zu überwinden.
Meine Erfahrungen gebe ich seit über 8 Jahren an Betroffene weiter.
In den Gesprächen höre ich immer wieder Fragen wie:
„Warum reiße ich mir die Haare aus?" „Welche Therapie ist für mich die richtige und wie finde ich einen Therapeuten, der sich mit Trichotillomanie auskennt?" „Sind Selbsthilfegruppen hilfreich?" „Kann ich selbst etwas gegen das Reißen tun?"
Alles Fragen, die ich mir auch immer wieder gestellt habe.
Literatur, die diese vielen Fragen beantwortet, gibt es bislang nicht.
Deshalb habe ich die wichtigsten Fragen gesammelt und sie Psychologen, Ärzten, Betroffenen und Angehörigen gestellt, die ich durch meine Beratungstätigkeit in der Infostelle und als Vorsitzende der Deutschen Gesellschaft Zwangserkrankungen e.V. kennen gelernt habe.

Herausgekommen ist dabei dieser Ratgeber, in dem im 2. Teil fünf Fallbeispiele vorgestellt werden. Er möge vielen Menschen helfen, mehr über Ursachen, Therapiemöglichkeiten und Selbsthilfe zur Trichotillomanie zu erfahren. Ich hoffe und wünsche allen Betroffenen, dass Ihnen das Buch hilft, Kraft und Mut zu erlangen, die Trichotillomanie zu überwinden.

Therapeuten, die sich der Behandlung der Trichotillomanie zuwenden wollen, möchte ich helfen, ein sachgerechtes Setting zu entwickeln.

Danksagung

Im August 2006 nahm die Idee, dieses Buch zu schreiben, Gestalt an. Zuerst wollte ich meine Fragen nur an Ärzte und Psychologen richten. In Gesprächen mit Betroffenen und Freunden wurde mir aber schnell deutlich, dass auch die Erfahrungen von Betroffenen, Angehörigen und einem Friseur wichtig sind, um die Trichotillomanie umfassend beschreiben zu können.

Ich danke deshalb allen Autoren, die einfühlsam und verständlich „ihre" Fragen beantwortet haben. Die vertrauensvolle Zusammenarbeit mit Ihnen war mir eine große Freude.

Mein herzlicher Dank gilt ebenfalls Bettina Brand, die nicht nur das Layout des Buches gestaltet hat, sondern mir in vielen Telefongesprächen geduldig zugehört hat. Eine bessere Grafikerin hätte ich mir nicht wünschen können.

Vielen Dank auch an Liesel, Monika, Renate und Wolf, die meine Texte mit mir diskutiert, gelesen und korrigiert haben.

Meinem Verleger Wolfgang Pabst, vom Verlag „Pabst Science Publishers", danke ich für seine Beharrlichkeit, mit der er bei mir immer wieder nachfragte, wann denn endlich das Buch zu Trichotillomanie fertig würde.

Zum Schluss möchte ich Ann Tomica danken. Sie war es, die 1988 erste Informationen zur Erkrankung sammelte, Betroffene informierte und die Infostelle Trichotillomanie gründete. Sie war auch maßgeblich daran beteiligt, dass die erste deutsche Studie zur Trichotillomanie am UKE-Hamburg durchgeführt wurde.

Ann, ohne Deine Pionierarbeit würde es heute nicht so viel gute Information, Hilfe und Unterstützung für uns Betroffene geben!

Herzlichst Ihre
Antonia Peters

Hamburg, im August 2008

Einführung: Trichotillomanie – wie kam sie zur Verhaltenstherapie?

von Iver Hand

Die ersten Trichotillomanie Patientinnen in der Verhaltenstherapie-Ambulanz des UKE
1976 eröffneten wir an der Klinik für Psychiatrie des Universitätsklinikums Hamburg-Eppendorf (UKE) die *erste universitäre Verhaltenstherapie-Ambulanz* in Deutschland. Seinerzeit galten *Angst- und Zwangsstörungen* noch als eher seltene und, zumindest erstere, als nicht wirklich schwere Erkrankungen. Meine Erfahrungen während der Weiterbildung in London Anfang der 70er Jahre hatten mir gezeigt, dass die Realität anders ist. So boten wir Therapie vor allem für diese Störungsgruppen an – nicht ohne kritische Reaktionen aus dem kollegialen Umfeld. Rasch entwickelte sich eine kontinuierlich wachsende Nachfrage von Seiten Betroffener wie auch von Zuweisern. Bei letzteren entstand anscheinend der Eindruck, auch andere „seltene" Verhaltensstörungen zu einer Therapie in diese Ambulanz schicken zu können – neben etlichen *pathologischen Glücksspielern* dann vereinzelt auch *Patientinnen mit Trichotillomanie* oder einem auf das Kopfhaar bezogenen Symmetrie-Zwang. Da wir in den ersten Jahren ein sehr kleines und überwiegend noch auszubildendes Team hatten, hatte ich die Pflicht – und aus heutiger Sicht das Privileg! – diese PatientInnen selbst ausführlich differentialdiagnostisch und verhaltensanalytisch zu untersuchen und gegebenenfalls zu behandeln bzw. die Behandlungen relativ eng zu supervidieren.

Die ersten Patientinnen mit einer Trichotillomanie sind in meiner Erinnerung fest verankert. Frau M. berichtet in dem doppelstündigen Erstgespräch von einem *quälenden Drang, sich* am Vorderkopf *immer wieder die Haare ausreißen zu müssen.* Hochgradig selbstexplorativ stellte sie ihren Lebenslauf so dar: Mit zwei Schwestern zusammen bis zum 11. Lebensjahr in intakter Familien aufgewachsen; von früher Kindheit an immer auf ihre Schönheit – und besonders die ihrer Haare – angesprochen; von den Schwestern neidvolle Reaktionen; immer Nähe zur Mutter gesucht, aber gescheitert. Habe sich dann im 11. Lebensjahr begonnen intensiv dem Vater zugewendet und zugleich mit dem Haare ausreißen begonnen. Der Vater habe darauf mit liebevollen Gesprächen reagiert, was zu einem Symptomrückgang geführt habe. Sie habe aber weiter unter der Ablehnung durch die Schwestern und unter spöttischen Bemerkungen der Mutter über ihr „negroides" (Naturkrause) Haar gelitten und dann über Jahre versucht, ihr Haar durch endloses Kämmen und sogar Bügeln zu glätten. Unter den weiblichen Familienmitgliedern habe ihre Haarpracht ihr nur Ablehnung und Spott eingebracht, im sozialen Umfeld dagegen Bewunderung – aber nicht aufgrund ihrer Person und Persönlichkeit, sondern ihrer Haare! Diese Thematik wurde unter Diskussion verschiedener, denkbarer Hypothesen zur Bedeutung dieses „Problemverhaltens" für sie selbst und für ihren Umgang mit den Familienmitgliedern intensiv besprochen.

Nach früher Eheschließung glätteten sich die Haare („das waren wohl die Hormone"?), blieben aber auffallend schön – und, aus ihrer Sicht, auch für ihren Mann das entscheidende Merkmal ihrer Attraktivität. Als drei Jahre vor dem Erstgespräch die Ehe in eine zunehmende Krise geriet, begann Frau M. wieder „dranghaft" Haare auszudrehen bzw. zu -reißen.

In diesem Erstgespräch wurde Frau M. immer wieder von starken Gefühlen ergriffen, weinte mehrfach und war schließlich erkennbar erschöpft.

In der zweiten Sitzung, eine Woche später, berichtete sie, nach dem ersten Gespräch „geradezu *schlagartig* und anhaltend *keinen Drang zum Haare ausreißen* mehr empfunden" zu haben. Dabei habe sie keinerlei Ablenkungsmanöver unternommen und sich weiter allen Belastungen gestellt. Die entscheidende Nachwirkung des Gespräches sei „eine *überraschende Beruhigung*" gewesen: sie könne wieder mit sich alleine sein, in einem Buch lesen – und könne erstmals seit Jahren wieder ausgezeichnet schlafen. Erstaunlicherweise mache sich ihr Mann in den letzten Tagen Sorgen, dass sie depressiv geworden sei. Auch auf mich wirkte sie in diesem zweiten Gespräch fast zu ruhig und besinnlich. Sie war sich dagegen sicher, endlich *wieder „bei mir selbst angekommen"* zu sein. Zum ersten mal habe sie angstfrei schmerzhafte Erlebnisse aus ihrer eigenen und der Entwicklung der Familie besprechen und ein tiefer gehendes Verständnis für die Bedeutung ihrer Haare für ihr Selbstwertgefühl entwickeln können (Erstgespräch als nicht geplante, starke gefühlsmäßige Konfrontation mit frühen schmerzhaften Beziehungserlebnissen führte anscheinend schon zu deutlicher Verarbeitung). Vorsorgemaßnahmen für den Fall eines Rückfalles wurden vereinbart, ebenso mögliche Hilfestellung bei dem begonnenen Versuch des Paares, wieder zueinander zu finden.

So ein Therapieverlauf ist bei Trichotillomanie aber leider die große Ausnahme: Dies zeigte sich in der zweiten Therapieerfahrung mit einer jungen trichotillomanen Patientin, die über einen Zeitraum von fast 10 Jahren (seit dem 14. Lj.) wegen *anhaltenden „Haarausfalles"* bei ständig wechselnden Hautärzten gewesen war (dort immer rasch die Feststellung: „das machen sie doch selbst"), bis die Hautklinik unseres Universitätsklinikums auf einer Vorstellung in unserer Ambulanz bestand. Lag hier ein *„Münchhausen Haarausfall"* bei Trichotillomanie vor? Die Patientin war im Erstgespräch initial hochgradig ablehnend-aggressiv. Mit einer indirekten „*Columbo*"-Strategie (in der Verhaltenstherapie in Anlehnung an die frühere Kriminalfilmserie so genannt: der Therapeut macht scheinbar keinen gezielten Versuch, das Geheimnis aufzudecken, „tappt im Dunkeln", hat aber trotzdem einen klaren Plan) gelang es, die Patientin zu einer Mitarbeit zu motivieren. Nach einigen, jeweils nur 20-minütigen Sitzungen „beichtete" sie spontan, die Haare immer selbst ausgerissen zu haben. Begonnen habe sie damit, als ihre Mutter sie im Alter von 14 Jahren gezwungen habe, ihre wunderschönen Zöpfe abzuschneiden, da sie sonst nicht auf die mit Freude erwartete Klassenreise mitfahren dürfe. Als sie von der mehrwöchigen Reise zurückgekehrt sei, hätte sie bereits kahle Stellen an den Zopfaustrittspunkten gehabt.

Es gelang, nicht ohne einige dramatische Zwischenfälle, die Patientin mit ihrer Mutter und Großmutter zu versöhnen und sie in die erste Männerbeziehung ihres bisherigen Lebens (einschließlich der ersten sexuellen Kontakte) therapeutisch zu unterstützen. Die Haare wuchsen wieder nach, *trichotillomanes Verhalten* flackerte *in Beziehungskrisen aber noch immer* wieder auf.

Ein möglicherweise *verwandtes „Problemverhalten am Haar"* (s. u.) stellt das zwanghafte Streben nach *Symmetrie im Haarschnitt* dar, das zu permanenten Friseurbesuchen und Selbstschneideversuchen führt, bis kaum noch Kopfhaar vorhanden ist. Eine unserer Patientinnen mit dieser Symptomatik war so depressiv, dass wir sie für die weitere Diagnostik und Behandlung stationär aufnahmen. Es dauerte drei Wochen bis die Patientin sich darauf einlassen konnte, bei auftreten des Schneidedranges sich auf ihr Bett zu legen, die Handlung zu unterlassen und alle aufkommenden Gefühle und Gedanken zuzulassen (Exposition in-sensu als Analysetechnik). Dies führte zu der *„Aufdeckung" schwerer, früher interaktioneller Traumatisierungen*, die dann mit intensiver verhaltenstherapeutischer Traumatherapie nach verarbeitet werden konnten.

Diese *vereinzelten frühen Erfahrungen mit Trichotillomanie Patientinnen* fanden wir dann wenige Jahre *später in unseren Therapie-Forschungsprojekten bestätigt.*

Trichotillomanie-Selbsthilfe und die Verhaltenstherapie-Ambulanz des UKE: Eine produktive Allianz

Frau *Ann Tomica,* in Deutschland lebende Amerikanerin, war von der vergeblichen Suche nach professioneller Hilfe so enttäuscht, dass sie *1989 eine Informationsstelle für Betroffene* einrichtete und sich dann 1990 an eine der amerikanischen Selbsthilfegruppen für Zwangskranke mit der Bitte um Benennung eines Experten wandte.

Ihr wurde Prof. Isaac Marks in London empfohlen, der sie dann an unsere Hamburger Ambulanz verwies. Da Frau Tomica in Frankfurt lebte, empfahlen wir die Kontaktaufnahme mit Frau Prof. Süllwold an der Frankfurter Uniklinik.
Diese *Odyssee auf der Suche nach einer Therapie* für ihre Trichotillomanie veranlasste Frau Tomica, sich nunmehr kundig zu machen, ob ihr Problem in Deutschland – im Gegensatz zu den USA – extrem selten sei oder ob es nur an einem Mangel an Aufklärung bei Betroffenen wie Therapeuten lag, dass Hilfe nicht zu finden war. Wir vereinbarten gemeinsame Anstrengungen, die Situation zu klären und, falls erforderlich, zu verbessern.
Im *Frühjahr 1992* veröffentlichte Frau Tomica einen kurzen *Bericht* in der Zeitschrift „*Brigitte*" – mit einem Aufruf an Betroffene, sich bei ihr zu melden. Im November 1993 konnten *Nicole Münchau* (die in unserem Team insbesondere zwangskranke Patienten behandelt hatte) und ich an unserer Ambulanz ein erstes Treffen mit ihrer rasch entstandenen Selbsthilfegruppe und anderen Betroffenen durchführen. Wir alle lernten sehr viel aus diesem ganztägigen Workshop – vor allem auch über die *mühsam nach außen „gedeckelten" heftigen Emotionen* der Betroffenen.
Unter *Mithilfe von 100 Betroffenen* aus den Selbsthilfegruppen um Ann Tomica konnte *Annett Neudecker* dann zwischen 1994 und Ende 1995 ihre *Diplomarbeit* „Trichotillomanie – Ätiologie, Phänomenologie, Komorbidität aus verhaltenstherapeutischer Sicht" fertig stellen. Nachdem sie dann ihr Examen als Diplompsychologin abgelegt hatte, ließ sie das Thema Trichotillomanie nicht mehr los.
Von 1996 bis 2000 führte sie an unserer Ambulanz für ihre *Dissertation* 20 intensive Einzel-Verhaltenstherapien durch, und *Michael Rufer* behandelte weitere 20 Patienten mit einem spezifischen Serotonin-Wiederaufnahmehemmer (die Patienten in der Dissertationsstudie hatten die freie Wahl zwischen VT und Medikation!). Weitere ca. 15 Patienten, die nicht mehr in die Studie aufgenommen werden konnten, erhielten Therapie in unserer Ambulanz. Nicole Münchau stand in der Startphase als Supervisorin zur Verfügung, später erfolgte Intervision aller Trichotillomanie-Therapien in unserem Ambulanz-Team.

Schon im *September 1997* konnten wir (Ann Tomica, Nicole Münchau, Annett Neudecker und ich) dann an unserer Klinik die *erste deutsche Trichotillomanie Tagung* mit einer großen Anzahl Betroffener und mit einigen Therapeuten durchführen. Dabei gelang es auch, das *Interesse der Medien an diesem Störungsbild* deutlich zu erhöhen.

Einige Monate zuvor hatte *Frau Peters,* selbst als Betroffene bei uns in Therapie, bei Frau Neudecker Frau Tomica kennen gelernt. Sie entwickelte rasch die Idee, *in Hamburg eine Selbsthilfegruppe Trichotillomanie zu gründen.* Dies gelang ihr rasch über die neuen Kontakte, die sie auf dem September Kongress knüpfen konnte. Schon im November *1997* fand dann das Gründungstreffen statt. *1998*

trat Frau Peters der *Deutschen Gesellschaft Zwangserkrankungen* (DGZ) bei, ein Jahr später wurde sie in den erweiterten Vorstand der DGZ – als Vertreterin für die Belange der Trichotillomanie-Betroffenen – gewählt, seit 2004 ist sie die Erste Vorsitzende der DGZ.
Nachdem *Annett Neudecker* eine Teilzeitstelle in unserem Team erhalten hatte, entwickelte sie (zusammen mit *Angela Weiss*) noch eine *störungsspezifische Gruppentherapie für Patientinnen* mit Trichotillomanie. Im Januar 2003 wanderte sie dann aus familiären Gründen nach Bayern aus. Das Gruppentherapie-Angebot wurde im Rahmen unserer beforschten Versorgung von Angela Weiss noch eine Weile fortgeführt.

Im *Herbst 2003* konnten wir die Ergebnisse unserer Studien (*A. Neudecker*) – zusammen mit den stationären Therapieerfahrungen an den Psychosomatischen Kliniken in Windach (*W. Hauke*) und Bad Bramstedt (*M. Armbrust*), sowie den Erfahrungen mit einem Beratungsangebot für Angehörige von Kindern und Jugendlichen (*V. Rößner*, Göttingen) – auf dem zweitägigen *zweiten deutschen Trichotillomanie Kongress* vor etwa 150 Teilnehmern aus ganz Deutschland vorstellen und in Workshops vertiefen.

Wir können heute feststellen, dass es durch *enge Zusammenarbeit von Selbsthilfegruppen und Therapeuten* – und dabei vor allem auch durch das hohe persönliche Engagement aller beteiligten Personen – gelungen ist, das Wissen um Entstehung und Aufrechterhaltung der Trichotillomanie, sowie über deren effektive Behandlung im Einzel- oder Gruppensetting entscheidend zu verbessern. Die *Entwicklung der DGZ in den letzten Jahren* zeigt, dass dieser Prozess erfreulicherweise nicht auf die Trichotillomanie beschränkt blieb.
Ann Tomica und *Antonia Peters* sei an dieser Stelle für ihre Beiträge dazu *sehr herzlich gedankt!*

Zukünftige Entwicklungen:
Erstens: Trichotillomanie dürfte die hinsichtlich ihrer biologischen Grundlagen am besten beforschbare Zwangs-(Spektrum) Störung darstellen, da das „Symptomverhalten" viel homogener als bei den Zwangsstörungen im klassischen Sinne ist. Christian Vollmert und Michael Rufer hatten einen Studienplan für eine *Bildgebungsstudie* ausgearbeitet, dessen Ergebnisse dann mit einer ebenfalls an unserer Klinik durchgeführten analogen Studie bei Zwangskranken verglichen werden sollten. Leider konnte diese Studie aufgrund des Arbeitsplatzwechsels dieser beiden Kollegen nicht mehr durchgeführt werden.
Zweitens: Das einzigartige Versorgungsangebot unserer Verhaltenstherapie Ambulanz wurde ab 2005 sukzessive stark reduziert, da die Krankenkassen nicht mehr

die Psychiatrischen Institutsambulanzen (PIA) finanzieren wollten und zudem unsere Universitätsklinik – wie fast alle in Deutschland – einen einschneidenden Sparplan umsetzen musste. Durch zusätzliche Umstrukturierungen ist das Versorgungsangebot für Trichotillomanie Patienten eingestellt worden.

Von dieser Einschränkung des Versorgungsangebotes ist natürlich auch die Möglichkeit der weiteren Beforschung dieses Krankheitsbildes betroffen! Vielleicht gelingt es aber, in den neuen Medizinischen Versorgungszentren (MVZ) mit Schwerpunkt Verhaltenstherapie – von denen es bereits mehrere, u. a. in Berlin, Düsseldorf, Hamburg und München gibt – vergleichbare Strukturen neu aufzubauen!

Es ist zu hoffen, dass auch in Zukunft Betroffene, Therapeuten und Forscher weiter vertrauensvoll und konstruktiv zusammen arbeiten werden! Möge auch dieses Buch dazu beitragen.

Annas Geschichte

Wer bist Du?
Anna*, 32 Jahre, Augenoptikerin, in Beziehung.

Wann fing Trich bei Dir an?
Mit ca. 16 Jahren.

Gab es dafür einen bestimmten Auslöser, oder eine bestimmte Situation?
Ich kann mich nicht genau daran erinnern. Ein Gedanke war, dass ich mich selber für alle Dinge, die ich nicht perfekt erledigt habe, bestrafen muss. Mein „Fehlverhalten" wollte ich körperlich spüren, also mit Schmerzen bewusst machen.

Wie sehr hat Trich Dich und Dein Leben beeinflusst?
Trich hat mein Leben bestimmt, da ich bis zum 28. Lebensjahr meine Krankheit vollkommen versteckt habe. Es begann schon morgens nach dem Aufstehen, dass ich die kahlen Stellen am Kopf verdeckt habe. Dann durfte mir niemand so nahe kommen, dass er die Chance gehabt hätte die Haare zu berühren. Selbst Blicke auf meinen Kopf habe ich versucht zu vermeiden. Freizeitaktivitäten mit Freunden, bei denen die Gefahr bestand, dass man die kahlen Stellen sieht (Sport, Schwimmen, Urlaub) habe ich grundsätzlich mit einer Ausrede abgesagt. Selbst solche banalen Dinge wie ein kurzer Regenschauer hat bei mir alle Alarmglocken ausgelöst, da man mit nassen Haaren meine kahlen Stellen gesehen hat. Die Trich hat mein Leben beeinflusst und bestimmt. Viele Reaktionen laufen mit der Zeit automatisch ab, aber wenn ich genau darüber nachdenke, warum ich bestimmt Dinge genau so mache, dann ist der Auslöser die Trich.

Wo, an welchen Stellen reißt Du Haare aus?
Begonnen hat es am Kopf. Immer wieder habe versucht mit dem Reißen aufzuhören und mich mit anderen Aktivitäten abzulenken, wenn der Drang zu groß wurde. Leider endete jedes Bemühen darin, dass ich zwar an der vorrangigen Stelle weniger ausgerissen habe aber dafür an einer anderen Stelle weitergemacht habe. Eben dann einmal am Oberkopf, dann an der Seite, dann am Hinterkopf usw. Und so ging das Ganze dann auch weiter, so dass ich an den Beinen weitergemacht ha-

be. Hier war ein direktes Reißen zwar nicht richtig möglich, aber die Suche nach dem richtigen Haar und ein Rumfummeln ist trotzdem möglich. Obwohl ich mir die Beine rasiere, suche ich trotzdem noch nach einer Haarspitze oder dunklere Stellen, an denen ich dann rummachen kann. Heute reiße ich hauptsächlich am Oberkopf und nur noch ganz wenig an den Beinen, wobei das Reißen allgemein weniger geworden ist.

Hast Du jemanden ins Vertrauen gezogen?
Ich habe bis zum 28. Lebensjahr niemandem davon erzählt. Dann habe ich eine Therapie angefangen, das war die erste Stelle, wo ich von meiner Trich erzählt habe. Als nächstes habe ich meiner besten Freundin davon erzählt, dann meinem Freund. Als ich in eine Selbsthilfegruppe ging, habe ich da noch davon erzählt. Inzwischen wissen auch meine Ärzte davon, aber das war's dann auch schon.

Wie ist Deine Familie, Freunde, Kollegen damit umgegangen?
Es wissen ja nur wenige davon. Verstehen, was ich da mache, kann niemand so richtig (das kann ich ja selber nicht). Die erste Reaktion ist eigentlich immer betroffenes oder verwundertes Schweigen. Wenn ich aber mehr darüber erzähle und die Fragen beantworte, werde ich so wie ich bin akzeptiert. Aber man muss bedenken, dass es nur 2 nichtbetroffene Freunde von mir wissen.

Und wie hast Du erfahren, dass dein Verhalten Trichotillomanie heißt?
Ich habe im Internet in einer Suchmaschine „Haare ausreißen" eingegeben und bin dann auf Evas Homepage www.trichotillomanie.de gestoßen.

Was hast Du dann getan?
Mir alles nur mal angeschaut. Ich war interessiert, aber auch sehr distanziert. Nachdem ich die Homepage angeschaut hatte, habe ich mich erst mal nicht mehr weiter im Internet informiert und habe mit meinem Problem alleine weitergelebt. Erst ca. 2 Jahre später habe ich mich auf dieser Seite angemeldet und wirklich realisiert , dass ich auch Trich habe und nicht alleine bin.

Wann und bei wem hast Du das erste Mal über Trich sprechen können?
Nach 12 Reißjahren habe ich mich dazu entschieden, eine Therapie zu machen und davon zu erzählen. Allerdings habe ich selbst dort nicht in der ersten Stunde davon erzählt, sondern erst in der 2. oder 3. Stunde.

Hast Du therapeutische Hilfen in Anspruch genommen?
Wie bereits erzählt, war die Therapie meine erste Anlaufstelle. Ich mache diese Therapie nun schon seit 4 Jahren.

Welche Therapieformen waren das?
Bisher nur eine Form, die tiefenpsychologisch fundiert Psychotherapie.

Hat es Dir geholfen?
Durch die Therapie ist mein Reißen etwas weniger geworden, aber ich kann auf keinen Fall sagen, dass ich reißfrei dadurch geworden bin. Das ist auch inzwischen nicht mehr mein Hauptanliegen. Als ich damit begonnen habe, dachte ich, dass ich in meinem Leben nur aufhören müsste mit Reißen und dann wäre alles in Ordnung. Inzwischen habe ich verstanden, dass es für mich viel wichtiger ist, mich mit der Vergangenheit zu beschäftigen und zu verstehen, warum ich die Dinge so mache wie heute, um überhaupt etwas an meinem Leben ändern zu können. Das mit dem Reißen wird sich bestimmt weiterhin reduzieren, wenn ich die Ursachen fürs Reißen verstanden habe.

Was wendest Du heute noch davon an?
Da ich diese Therapie immer noch mache, ist diese in meinem Leben ständig aktuell. Außerdem mache ich ja keine Verhaltenstherapie.

Bist Du geheilt?
Nein.

Wie gehst Du heute mit Trich um?
Ich bin immer noch sehr verschlossen gegenüber anderen. Das kommt daher, weil ich Angst vor Ablehnung habe. Aber wenn die Leute davon wissen und mich mit meiner Trich akzeptiert haben, kann ich relativ offen damit umgehen, da ich die Trich für mich akzeptiert habe.

Besuchst Du eine Selbsthilfegruppe?
Ja, eine Trichselbsthilfegruppe einmal im Monat.

Wenn ja, was hilft Dir dort besonders?
Der Austausch mit anderen Betroffenen und die Erfahrungsberichte. Ich fühle mich meistens danach zufriedener, ruhiger und gleichzeitig inspiriert.

Was hilft nicht?
Ich kann jetzt nichts aufzählen was mir nicht hilft. Vielleicht liegt das aber auch daran, dass ich mir nicht erhoffe, mit und durch die Trichgruppe mit dem Ausreißen aufzuhören.

Wenn Du auf Deinen Krankheitsverlauf zurück blickst, was würdest Du heute anders machen?

Ich denke, es kommt alles zu seiner Zeit. Ich finde es nur schade, dass ich mich erst nach 12 Reißjahren getraut habe, mit anderen darüber zu reden. Wenn ich es könnte, würde ich heute mein Problem früher „anpacken".

Was möchtest Du anderen Betroffenen noch als Tipp mit auf den Weg geben?
Es gibt kein Allheilmittel gegen die Trich. Umso mehr man sich unter Druck setzt damit aufzuhören, desto schlimmer wird es. Man sollte versuchen, sich selbst mit der Trich zu akzeptieren und sein Verhalten mit viel Geduld zu ändern.

Danke Anna!

*Name geändert

Trichotillomanie:
Grundlagen und ambulante Behandlung (1)

von Annett Neudecker

Was ist Trichotillomanie?
Der Begriff „Trichotillomanie" setzt sich zusammen aus den griechischen Worten für Haar („trich"), ziehen („tillo") und krankhaften Impulsen bezüglich bestimmter Orte, Situationen oder Handlungen („manie"). Erstmals in dieser Form benutzt wurde er 1889 von einem französischen Psychiater, der einen jungen Mann behandelte, welcher sich an mehreren Körperstellen Haare ausriss. Obwohl wir heute wissen, dass es sich nicht um eine „Manie" im heutzutage verwandten Sinne handelt, also um eine schwere psychiatrische Erkrankung, hat sich der Begriff in der ursprünglichen Form erhalten. Übersetzt wird er heute meist als „zwanghaftes Haareausreißen". Mit „zwanghaft" ist gemeint, dass eine Person das Gefühl hat, oft wider besseren Wissens ein Verhalten immer wieder ausführen zu müssen. Man hat deshalb Trichotillomanie lange Zeit als eine Unterform der Zwangserkrankung betrachtet, wofür neben der Ähnlichkeit des Verhaltens auch andere neurobiologische Gemeinsamkeiten sprachen. Allerdings gibt es auch einige nicht unerhebliche Unterschiede, die letztlich dazu führten, dass Trichotillomanie heute als eine „Störung der Impulskontrolle" klassifiziert wird. Im Mittelpunkt steht auch hier der als unkontrollierbar erlebte Drang, eine bestimmte Handlung (in diesem Fall das Ausreißen von Haaren) auszuführen, obwohl man genau weiß, dass es einem schadet. Normalerweise führt dieses Verhalten dazu, dass unangenehme Gefühle (z. B. Anspannung, Ärger, Enttäuschung, Traurigkeit, Langeweile etc.) reduziert bzw. ausgeblendet werden können. Viele Betroffene beschreiben, dass sie sich im Moment des Haareausreißens überhaupt nicht mehr mit den negativen Gefühlen beschäftigen, sondern sich wie in einer eigenen kleinen Welt befinden, in einer Art „Käseglocke", wie es viele ausdrücken. In der Verhaltenstherapie nennt man das „negative Verstärkung"; ein Verhalten führt dazu, dass ein unangenehmer Zustand verhindert oder beendet wird. Wenn eine betroffene Person versucht, dem Drang zum Haareausreißen zu widerstehen, baut sich meist eine zunehmende Anspan-

nung auf, die dazu führt, dass sie kaum noch an etwas anderes denken kann und sich letztlich doch Haare ausreißt, was die erlebte Anspannung logischerweise recht schnell verschwinden lässt. Dazu kommt dann noch, dass man durch das Beschäftigen mit den Haaren (auf dem Kopf die Haare spüren, sie durch die Finger ziehen, sie in den Mund nehmen und vielleicht darauf kauen etc.) nicht nur negative Gefühle vermeidet, sondern direkt positive Befindlichkeit erzeugen kann. Diese wird oft als Genuss, Entspannung oder „sich etwas Gutes tun" beschrieben, ein klassischer Fall von „positiver Verstärkung" oder Belohnung. Man kann sich leicht vorstellen, dass ein solches Verhalten, mit dem man sich gleichzeitig *weniger schlecht* fühlen und sich *etwas Gutes tun kann,* sehr hartnäckig ist. Dazu kommt ja noch, dass in den meisten Fällen (fast alle Betroffenen reißen Haare vom Kopf aus) die Haare unmittelbar verfügbar und leicht zu erreichen sind. Personen, die z. B. Schamhaare ausreißen oder solche, die sich mit Wimpern oder Augenbrauen beschäftigen und eine Pinzette benötigen, müssen geeignete Situationen abwarten oder aufsuchen. Der Effekt ist dann jedoch der gleiche. Nichtbetroffene fragen oft, ob das denn nicht weh tut; interessanterweise lautet die Antwort „nein". Es scheint so, als ob der oben beschriebene Käseglockeneffekt auch einer Art Trancezustand ähnelt, in dem das Schmerzempfinden deutlich reduziert ist. Nur wenige Betroffene berichten von Schmerzen beim Ausreißen; oft ist es so, dass dieser Schmerz dann das Signal gibt aufzuhören. Manchmal kommt es auch vor, dass „ein bestimmtes Gefühl" (was ein Schmerz sein kann, aber auch z. B. eine Befriedigung durch Erreichen von Symmetrie) beim Ausreißen gesucht wird; die Person kann erst dann aufhören, wenn dieses erreicht ist.

Alle genannten Punkte können bei einer Person allerdings erfüllt sein, ohne dass sie die Diagnose einer Trichotillomanie erhalten würde. Das liegt daran, dass für die Diagnosestellung ein deutlicher Leidensdruck vorhanden sein muss, also eine erkennbare Einschränkung im sozialen und/oder beruflichen Bereich. Dies äußert sich dann beispielsweise so, dass eine Frau keine intime Beziehung mehr eingehen kann, weil sie sich ihre Schamhaare ausreißt und sich dafür schämt; dass eine andere Person kahle Stellen auf dem Kopf hat und sich fürchtet, jemand könnte ihr auf den Kopf schauen und sie darauf ansprechen; dass jemand in der Schule gehänselt wird, weil er/sie immer eine Kopfbedeckung trägt usw. Scham gegenüber anderen ist deshalb auch das häufigste Gefühl, das mit Trichotillomanie einhergeht, dicht gefolgt vom Ärger über sich selbst, dass man sich nicht zusammenreißen kann, obwohl man es möchte. Ein Problem ist natürlich, dass die Scham auch oft verhindert, dass jemand zum Therapeuten geht – aber dazu später mehr.

Zusammenfassung: Trichotillomanie ist eine Störung der Impulskontrolle, deren Hauptmerkmal die Unfähigkeit ist, dem Drang zum Ausreißen von Haaren zu widerstehen. Weitere Merkmale sind ein ansteigendes Spannungsgefühl entweder vor dem Ausreißen oder wenn man versucht, dem Drang zu widerstehen, und eine kurzfristige Erleichterung danach. Für die Diagnosestellung ist weiterhin eine durch das Verhalten bzw. seine Konsequenzen hervorgerufene Einschränkung der Lebensqualität wichtig, die sich als subjektiver Leidensdruck äußert. Dieser entsteht durch die mittelfristig negativen Folgen der Trichotillomanie (z. B. kahle Stellen).

Wie entsteht Trichotillomanie?

Die meisten Betroffenen suchen nach einer Antwort auf die Frage, woher diese selbstschädigende Angewohnheit kommt. Obwohl dies tatsächlich eine sehr interessante Frage ist, findet man nur in den wenigsten Fällen eindeutige Ursachen und Zusammenhänge.

Am „einfachsten" wäre es vielleicht, wenn wir es mit einer Erbkrankheit zu tun hätten. Es gibt jedoch keine Untersuchung, die dies belegen könnte. Man hat lediglich gefunden, dass Personen, die an Trichotillomanie leiden, häufiger als andere Personen Verwandte mit einer Zwangserkrankung haben. Ob es hier eine genetische Verbindung gibt, wird die Forschung vielleicht in den nächsten Jahrzehnten zeigen können.

Ein zweiter Punkt ist der, dass kleine Kinder (wie viele vielleicht wissen) gerne vor dem Einschlafen oder sogar während des Schlafes in den Haaren drehen. Sie tun dies, weil es offenbar einen vertrauten beruhigenden Effekt hat, ähnlich wie das Nuckeln am Daumen. Normalerweise hört dies von selbst wieder auf; bei einigen Kindern bleibt es aber bestehen und dehnt sich auch auf den Tag aus, so dass tatsächlich eine Trichotillomanie daraus wird.

Beim größten Teil der Betroffenen (ca. 60 %) beginnt die Trichotillomanie allerdings erst später, etwa zwischen dem 11. und 15. Lebensjahr. Natürlich denkt hier jeder sofort an die Pubertät und die damit einhergehenden hormonellen Umstellungen und emotionalen Schwankungen. Vielleicht haben diese tatsächlich etwas damit zu tun, aber müssten dann nicht sehr viel mehr Menschen Haare ausreißen? Eher geht man von zusätzlichen Stressfaktoren aus (z. B. Verlusterlebnisse, Schulprobleme, konflikthafte Familienkonstellationen, Umzüge etc.). Das allein reicht aber noch nicht aus; in der Regel ist es nicht ein einziges Ereignis, was zum Beginn des Haareausreißens führt, sondern ein länger andauernder und innere Anspannung auslösender Zustand. In der Biografie der meisten Betroffenen wird erkennbar, dass in dieser Zeit entweder die Fähigkeit oder die Möglichkeit fehlte, mit den durch diese Anspannung ausgelösten negativen Gefühlen umzugehen, z. B. weil die Eltern mit ihren eigenen Problemen zu tun hatten und man sie nicht belasten wollte oder weil das Klima zu Hause so war, dass das Äußern von Ängsten gleichbedeutend war mit Schwäche. Es gibt hier verschiedenste Möglichkeiten, die individuell sehr unterschiedlich sein können. Letztlich führen sie aber dazu, dass das Ausreißen von Haaren, das vielleicht anfangs ganz zufällig und „nebenbei" passierte, über die oben beschriebenen Effekte der positiven und negativen Verstärkung sehr schnell zur Angewohnheit wird. Und wenn das erst einmal passiert ist, kann das Ausreißen der Haare praktisch universell eingesetzt werden, wann immer Spannung auftritt. Es kann übrigens auch positive Spannung sein, z. B. beim Lesen eines Krimis. Und auch Langeweile ist eine Form der Anspannung! Wenn die Angehörigen es dann merken, entsteht oft eine Mischung aus Scham und Ärger („Die sollen mich doch in Ruhe lassen!"), was absolut nachvollziehbar ist, aber im Sinne eines Teufelskreises natürlich die innere Anspannung wieder erhöhen kann.

Ein nicht zu vernachlässigendes Problem bei der Chronifizierung der Erkrankung ist, dass es zunehmend automatisch abläuft, d. h. die Betroffenen können oft eine ganze Weile Haare ausreißen, ohne dass es ihnen überhaupt bewusst wird. Dies ist nicht spezifisch für Trichotillomanie, wir kennen das von vielen anderen (schlechten) Gewohnheiten. Ein Problem entsteht dann natürlich, wenn man damit aufhören will, denn wie soll man etwas beeinflussen, von dem man gar nicht merkt, dass man es tut?

In einigen Fällen beginnt das Haareausreißen auch erst im Erwachsenenalter. In der Regel lassen sich hier aber direkte Auslöser erkennen und behandeln, wobei im Hinblick auf den Gewohnheitsanteil der Störung das gleiche gilt wie für die früher beginnende Trichotillomanie.

Und um eine oft gestellte Frage vorweg zu nehmen: In den bisherigen wissenschaftlichen Untersuchungen wurde kein Zusammenhang zwischen Trichotillomanie und einem früher stattgefundenen sexuellen Missbrauch gefunden. Man kam auf den Gedanken, weil Trichotillomanie ein selbstschädigendes Verhalten ist und man eine Verbindung zu Missbrauch zog, ähnlich wie bei Personen mit Borderline-Persönlichkeitsstörung; die Häufigkeit solcher Erlebnisse bei Trichotillomanie-Patienten war jedoch gegenüber der Normalbevölkerung nicht erhöht.

Abschließend sei noch erwähnt, dass das Wissen um die Entstehung der Störung zwar sehr hilfreich ist, vor allem wenn man überprüfen möchte, ob ein Teil der Bedingungen vielleicht auch aktuell noch besteht. Das allein wird aber in den allermeisten Fällen nicht ausreichen, um das Verhalten abzubauen. Dazu sind (leider) die kurzfristigen, spannungsmindernden und positiven Konsequenzen des Haareausreißens zu stark verhaltenssteuernd. Wenn man also keine befriedigende Antwort auf die Frage findet, warum man damit überhaupt angefangen hat, ist es mindestens genauso wichtig, sich zu fragen, warum es nicht wieder weg geht!

Zusammenfassung: Trichotillomanie kann schon in früher Kindheit beginnen, wenn der beruhigende Aspekt des Drehens in den Haaren stark generalisiert. Meist spielt allerdings eine Reihe von Stressfaktoren um die Pubertät herum eine Rolle, die in der Summe und bei längerem Andauern zu einer starken und nicht anders abbaubaren inneren Anspannung führen. Nicht anders abbaubar bedeutet, es fehlen entweder die sozialen und emotionalen Kompetenzen oder aufgrund äußerer Konstellationen die Möglichkeiten zur Entlastung. Wenn die Person dann bei der Beschäftigung mit den eigenen Haaren, wobei der kindliche beruhigende Anteil sicher eine Rolle spielt, die beschriebenen kurzfristig positiven Konsequenzen erlebt, kann sich das Verhalten schnell verselbständigen. Es wird dann universell bei allen Spannungszuständen eingesetzt, die anders nicht bewältigt werden können.

Mit welchen psychischen Erkrankungen kann Trichotillomanie gleichzeitig auftreten?

In verschiedenen Untersuchungen wurde festgestellt, dass das Ausreißen von Haaren nur in weniger als der Hälfte der Fälle das einzige Symptom der Betroffenen ist. Ein großer Teil von ihnen leidet zusätzlich an Stimmungsschwankungen und langen Perioden von Niedergeschlagenheit, an sozialen und anderen Ängsten sowie Zwängen. Seltener wird auch über Essstörungen und Substanzabhängigkeit berichtet. Ob all diese Symptome so stark ausgeprägt sind, dass man von einer gleichzeitig auftretenden („komorbiden") Erkrankung sprechen kann, ist von Person zu Person sehr unterschiedlich. Außerdem muss noch unterschieden werden, ob wir von einer gegenwärtigen oder von einer sogenannten Lifetime-Diagnose sprechen, also davon, ob eine komorbide Störung *irgendwann einmal* aufgetreten ist. Die häufigste komorbide Erkrankung, die diesen Lifetime-Kriterien entspricht, ist nach übereinstimmenden Untersuchungen die Depression (bis zu 60 % der untersuchten Trichotillomanie-Betroffenen haben und/oder hatten schon einmal eine depressive Erkrankung). Diese Zahl sagt aber nichts darüber aus, ob die Depression Auslöser oder Folge der Trichotillomanie war; beides ist denkbar. Ähnlich sieht es bei den Angststörungen aus. Je nach Studie leiden beispielsweise zwischen 11 und 50 % der Betroffenen an einer sozialen Phobie, also an sozialen Ängsten und Defiziten, die mit der vermeintlich negativen Beurteilung durch andere Menschen verbunden ist. Beginnt jemand, Haare auszureißen, weil er sich einer bevorstehenden Bewährungssituation nicht gewachsen fühlt, oder vermeidet er Kontakte zu anderen, damit diese die kahlen Stellen nicht bemerken? Die Komorbidität zur Zwangsstörung ist trotz der beschriebenen Ähnlichkeiten geringer, als man erwarten würde; sie liegt zwischen 13 und 23 %.

Eine besondere Erwähnung verdienen noch die sogenannten Persönlichkeitsstörungen. Hierunter wird ein situationsüberdauerndes und unflexibles Erlebens- und Verhaltensmuster verstanden, durch welches die Person selbst und/oder ihr Gegenüber Probleme bekommt. Es wurden verschiedene Untersuchungen hierzu durchgeführt, die letztlich ergaben, dass Trichotillomanie-Betroffene sich überhaupt nicht von Personen mit anderen psychischen Erkrankungen unterschieden. Es gibt also offenbar keine Trichotillomanie-typische Persönlichkeitsstörung. Auch die Borderline-Störung (Erkrankung mit selbstverletzendem Verhalten) ragte nicht heraus; im Gegenteil, sie kam im Vergleich sogar seltener vor. Das bedeutet nicht, dass Trichotillomanie-Betroffene keine auffälligen Persönlichkeitsmerkmale haben; sie sind jedoch uneinheitlich. Allerdings gibt es eine Tendenz, die in manchen Untersuchungen durchschien. Eine große Zahl dieser Personen zeichnet sich dadurch aus, dass sie über eine hohe innere Anspannung verfügen, allerdings nach außen hin auch eine relativ hohe Gehemmtheit an den Tag legen, so dass man sich fragen muss, was sie mit dieser Anspannung dann machen. Dies taucht besonders bei Betroffenen auf, die ängstlich, nervös, depressiv und selbstunsicher sind, ohne dass dies die Kriterien für eine Persönlichkeits*störung* erfüllen würde.

Zusammenfassung: Trichotillomanie ist eine Erkrankung, bei der ca. bei der Hälfte der betroffenen Personen aktuell oder im Lauf des Lebens weitere psychische Störungen auftreten. Am häufigsten sind Depressionen (ca. 60 %) und Ängste, v. a. soziale Ängste (bis zu 50 %). Oft ist schwer zu unterscheiden, ob bzw. wie diese Erkrankungen mit der Trichotillomanie zusammen hängen; sie können dieser sowohl vorausgehen als auch folgen. Bezüglich der Persönlichkeitsstörungen gibt es bei Trichotillomanie-Betroffenen keine Besonderheiten; es fallen bei vielen jedoch hohe innere Anspannung, hohe Gehemmtheit und Selbstunsicherheit auf.

Was kann ich selbst zur Krankheitsbewältigung beitragen?

Viele, die an Trichotillomanie leiden, müssen sich oft anhören, sie sollten doch einfach aufhören bzw. sich zusammenreißen. Wenn das tatsächlich so „einfach" wäre, hätten sie es aber schon längst getan. Im Abschnitt 1 war zu lesen, dass Trichotillomanie nicht nur negative, sondern auch ausgesprochen positive Anteile hat. Von eigenen Patienten wissen wir, dass einige die positiven Anteile sehr gerne behalten wollen und „nur" die negativen (also die Schamgefühle und die Langzeitfolgen) loswerden möchten. So funktioniert das aber leider nicht. Die erste Entscheidung, die Betroffene deshalb treffen müssen, ist die, ob sie *tatsächlich* aufhören wollen, Haare auszureißen. Das mag vielleicht etwas seltsam erscheinen, weil die meisten sagen würden: „*Natürlich* möchte ich aufhören!" Das stimmt ja auch, aber vielen ist nicht ganz klar, was das wirklich bedeutet. Bei der Entscheidungsfindung hilft es oft, sich zu fragen: „Wofür *lohnt* es sich aufzuhören?" Das kann etwas sehr konkretes sein wie eine bestimmte Frisur, die man gerne tragen möchte, aber auch etwas allgemeineres wie das Gefühl, diese Herausforderung bewältigt zu haben. Manchmal hilft auch, sich selbst eine „Belohnung" zu überlegen.

Wenn jemand ganz entschlossen ist, ist es natürlich wichtig, das Verhalten so gut wie möglich zu kennen; dazu muss das Haareausreißen genau beobachtet werden, ähnlich wie es in der Verhaltenstherapie (siehe unten) unter therapeutischer Anleitung gemacht wird. Im zweiten Schritt geht es darum zu lernen, dem Impuls zum Ausreißen zu widerstehen. Viele versuchen, sich abzulenken, sich eine Mütze aufzusetzen, Handschuhe anzuziehen oder ähnliches. Besser ist aber, einfach nur zu warten und den Impuls ganz genau zu beobachten. Normalerweise geht er nach gar nicht langer Zeit von allein wieder weg. Klingt einfach, funktioniert auch meist, aber nur dann, wenn man daran denkt. Und genau das ist in der Regel ein großes Problem. Es ist ein bisschen so ähnlich wie bei einem Mückenstich: Es juckt ganz fürchterlich, und man kratzt automatisch. Das tut kurzfristig gut, langfristig hat man mit einer umso größeren Schwellung und noch mehr Juckreiz zu kämpfen. Wenn man aber versucht, nicht zu kratzen, und sich nicht dabei ablenkt, wird es für einen Moment richtig schwer. Trotzdem: Passieren kann eigentlich nichts, man benötigt aber in diesem Moment wirklich ganz viel Kraft, um dem Impuls widerstehen zu können. Je öfter man sich aber so verhält, desto routinierter wird man dabei. Bei einer Störung der Impulskontrolle geht es eben darum zu lernen, dem Impuls *nicht* zu folgen. Wer darüber mehr lesen möchte, dem sei das Kapitel über Trichotillomanie im Buch „Alles unter Kontrolle" von Lee Baer empfohlen. Es kann auch hilfreich sein, Angehörige als Unterstützung mit einzuspannen; manchmal kann dies aber auch nur zu mehr Auseinandersetzungen führen, weswegen es gut überlegt sein will.

Ein anderer Bereich, in dem man selbst einiges unternehmen kann, betrifft die Frage, wie es überhaupt zu diesem Impuls kommt. Ein Trichotillomanie-Betroffener könnte beispielsweise beobachten, in welchen Situationen der Drang zum Haareausreißen entsteht, und dann versuchen, dort anders zu reagieren, d. h. sich ein Alternativverhalten aufzubauen. Wenn das Verhalten beispielsweise der Entspannung dient, müsste man hier nach anderen Entspannungsmöglichkeiten Ausschau halten und diese ausprobieren. Wenn man merkt, dass man immer nach Ärgersituationen Haare ausreißt, wäre es eine gute Idee, das eigene Verhalten in solchen Situationen zu überprüfen und sich zu fragen, ob man sich beispielsweise besser abgrenzen müsste. Dies ist allerdings ohne therapeutische Unterstützung nicht ganz einfach.

Erwähnt werden soll an dieser Stelle auch schon die wichtige Rolle von Selbsthilfegruppen. Wichtig deshalb, weil sie Betroffenen vor allem dabei helfen können, eine andere Einstellung zu ihrer Erkrankung zu entwickeln. Man trifft dort auf Menschen, die exakt das gleiche Problem haben, was enorm entlasten und helfen kann, weitere Schritte zu planen. Doch dazu mehr im entsprechenden Abschnitt weiter unten.

Trotz aller guten Ideen ist es in der Realität sehr schwer, im Alleingang und mit einer Art „Selbsttherapie" die Erkrankung in den Griff zubekommen. Betroffene sollten nicht mit sich hadern, wenn sie es nicht allein schaffen.

Zusammenfassung: Eine entscheidende Rolle spielt die Motivation aufzuhören; um diese zu überprüfen und/oder zu verstärken, ist es hilfreich, sich positive Ziele zu setzen. Für die Veränderung des Verhaltens ist es notwendig, den Impuls genau wahrzunehmen und ihm dann nicht nachzugeben, was am Anfang sehr schwer ist, was aber trainiert werden kann. Außerdem kann man versuchen, allein oder auch mit Hilfe von Angehörigen oder Selbsthilfegruppen die Entstehung solcher Impulse zurück zu verfolgen und sich alternative Verhaltensweise zu überlegen, so dass es möglichst gar nicht mehr zu diesen Impulsen kommt. Erfahrungsgemäß ist dies aber sehr schwer.

Wie verhalte ich mich Freunden und Angehörigen gegenüber? Was können diese tun?

Die wichtigste Frage für viele Betroffene ist die, ob sie ihren Freunden und/oder Angehörigen *überhaupt* von ihrem Problem berichten sollen. Zum einen liegt das daran, dass sie sich für ihr Verhalten schämen. Zum anderen befürchten aber auch viele, dass andere Personen das Verhalten nicht verstehen können, dass sie nur „gute Ratschläge" geben (die man schon nicht mehr hören kann, weil man genau weiß, dass sie nicht funktionieren) oder dass sie sich sogar von einem abwenden könnten. Leider kann man keine dieser Reaktionen völlig ausschließen, denn bezüglich psychischer Erkrankungen herrschen vielerorts noch viel Unsicherheit oder Vorurteile. Es gibt zwar auch andere selbstschädigende Verhaltensweisen wie das Rauchen oder übermäßigen Alkoholkonsum, die für die Gesundheit viel gefährlicher sind als die Trichotillomanie, aber diese Gewohnheiten gehören offensichtlich zum „erlaubten" Genussverhalten und sind deshalb gesellschaftlich viel akzeptierter. Ob eine betroffene Person also erzählt, dass sie sich Haare ausreißt, kann sie letzten Endes nur individuell entscheiden. Beides hat Für und Wider; wenn es alle wissen, braucht man sich nicht mehr so viel Mühe zu geben, die kahlen Stellen zu verbergen, aber man riskiert natürlich auch eine gewisse (positive oder negative) Aufmerksamkeit. Sagt man nichts, geht man dieses Risiko nicht ein, aber der Druck zur Verheimlichung kann dadurch auch höher werden.

Anders sieht der Fall aus, wenn sich das Ergebnis des Haareausreißens gar nicht verbergen *lässt*. Auch hier kann man aber Unterschiede machen, wem man wie viel erzählen möchte. Es gibt keine Offenlegungspflicht, Notlügen sind genauso erlaubt wie die Aussage „Darüber möchte ich nicht sprechen." Es kann sich aber absolut lohnen, mit nahestehenden Personen über die Symptomatik zu sprechen, denn die Ergebnisse sind oft überraschend. Gar nicht so selten passiert es, dass die Person auch jemanden mit dem gleichen Problem kennt oder über ein ähnliches Verhaltensmuster aus eigener Erfahrung berichten kann (z. B. Nägelkauen), auf Grund dessen sie das Haareausreißen gut versteht. Und es bietet sich vielleicht auch die Chance zu mehr Unterstützung.

Wie kann diese aussehen? In der Regel betrifft dies Eltern oder Partner, die das Verhalten meist unmittelbar mitbekommen und dann auch helfen *möchten*. Sie tun dies z. B. dadurch, dass sie aufmerksam machen und auch schimpfen, was Betroffene oft nicht annehmen können, weil sie sich eingeengt fühlen. Es gibt auch hier kein Patentrezept. Am günstigsten ist es, wenn Betroffene mit ihren Angehörigen, Partnern oder Freunden darüber sprechen, wie *genau* eine Unterstützung aussehen könnte. Je konkreter dies besprochen wird, desto besser. Beispielsweise könnte es für eine Betroffene sehr hilfreich sein, wenn ihr Mann sie auf das Verhalten aufmerksam macht, weil sie es selbst nicht merkt; für eine andere Betroffene kann dies aber völlig undenkbar sein, und sie möchte viel lieber, dass ihr Mann sie in diesen Situationen in Ruhe lässt. Es spricht überhaupt nichts dagegen, verschiedene Dinge gemeinsam auszuprobieren. Wichtig ist dabei nur, dass keine der beteiligten Personen den Anspruch darauf haben sollte zu wissen, was für die andere Person gut ist. Das kann nur diese allein entscheiden.

Zusammenfassung: Ob überhaupt und wenn ja wem man von der Trichotillomanie erzählt, kann jede/r nur für sich selbst entscheiden. Meist wird der Mut zur Offenheit belohnt, weil viele Menschen ähnliche Verhaltensweisen kennen. Diese können dann durchaus sehr unterstützend sein, wenn es darum geht, die Häufigkeit des Haareausreißens zu reduzieren; wie das geschieht, sollte aber möglichst konkret und mit gegenseitiger Wertschätzung abgesprochen werden.

Wann ist eine professionelle Therapie empfehlenswert?

Hierfür gibt es kein objektives Kriterium. Professionelle Hilfe sollten Betroffene dann aufsuchen, wenn sie entweder unter der Trichotillomanie selbst oder unter den dadurch entstandenen Einschränkungen oder Begleiterkrankungen so sehr leiden, dass sie sich in ihrem alltäglichen Leben beeinträchtigt fühlen. Dieses „Leiden" ist *sehr subjektiv,* es gibt kein Richtig oder Falsch. Es mag Personen geben, bei denen überhaupt kein Haarverlust nach außen erkennbar ist, die sich aber für ihr Verhalten so sehr schämen, dass sie einfach nicht mehr weiter wissen. Andere wiederum haben weniger Probleme damit und entscheiden sich erst dann für eine Therapie, wenn durch ein äußeres Ereignis (z. B. eine sich ankündigende Partnerschaft) mehr Druck oder mehr Motivation entsteht. Weiter oben war erwähnt worden, dass jemand sich vielleicht sogar so sehr für sein Verhalten schämt, dass es schwer ist, einem Arzt oder Therapeuten davon zu erzählen. Natürlich gibt es ein Risiko, dass der aufgesuchte Therapeut die Erkrankung nicht kennt; dieses dürfte aber mittlerweile durch einen in den letzten Jahren deutlich höheren Bekanntheitsgrad recht gering geworden sein. Außerdem wird ein gutes Gespräch letztlich alle Scham vergessen lassen, wenn die betroffene Person das Gefühl hat, verstanden zu werden. Es ist schließlich ein wichtiger Schritt in Richtung Veränderung!

Die häufigsten Begleiterkrankungen sind, wie oben beschrieben, Depressionen und soziale Ängste. Sollte eine depressive Verstimmung solche Ausmaße annehmen, dass man sich andauernd antriebslos und niedergeschlagen fühlt und vielleicht sogar daran denkt, nicht mehr leben zu wollen, sollte man allerdings *auf schnellstem Wege* einen Behandler aufsuchen.

Zusammenfassung: Für die Aufnahme einer Therapie gibt es kein objektives Kriterium; es zählen Motivation und Leidensdruck. Letzterer kann auch von den Begleiterkrankungen wie Depression oder sozialer Angst herrühren. Ein Therapeut sollte allerdings unbedingt aufgesucht werden, wenn eine depressive Verstimmung zunimmt und Lebensüberdrussgedanken auftauchen.

Trichotillomanie:
Grundlagen und ambulante Behandlung (2)

von Michael Foltys

Welche Therapieform ist geeignet?

Es gibt bislang keine wissenschaftlich fundierte Untersuchung, die diese Frage eindeutig beantwortet. Lange Zeit haben vor allem Einzelfallberichte und Untersuchungen an kleinen Patientengruppen im Rahmen psychoanalytischer Behandlungen dominiert. Im Zuge der Verbreitung der verhaltenstherapeutischen Methoden in Psychiatrie und Psychotherapie entwickelten sich auch Untersuchungen zur Verhaltenstherapie und Psychopharmakotherapie der Trichotillomanie. Neuere Untersuchungen an größeren Patientenstichproben deuten daraufhin, dass zur Behandlung der Trichotillomanie sowohl Verhaltenstherapie, als auch Psychopharmakotherapie die Therapiemethoden der ersten Wahl sind.

Im Rahmen der Verhaltenstherapie konzentriert man sich im Wesentlichen auf zwei Vorgehensweisen. Dabei handelt es sich um symptomorientierte Therapieverfahren sowie um Therapiemethoden, die auf Hintergrundkonflikte bei den Betroffenen eingehen (multimodale Verhaltenstherapie).

Was ist unter symptomorientierter Verhaltenstherapie zu verstehen?

Zunächst werden die Patienten angeleitet, bei Auftreten der Symptomatik spezielle Verhaltensprotokolle auszufüllen. Diese *Symptom-Protokollierung* dient der Verfeinerung der Verhaltensanalyse. Beim Patienten erhöhen sie die Fähigkeit zur Selbstaufmerksamkeit und bewirken dadurch meist indirekt eine erste Symptomminderung. Es geht dabei um situationsnahes Dokumentieren von Verhaltensweisen, Gefühlen und typischen Gedanken, die dem Haareausreißen vorausgingen. Ebenso wird der Patient angeleitet, die Konsequenzen (z. B. wie fühle ich mich nach dem Haareausreißen?) zu registrieren. Derartige „Symptombögen" werden gewöhnlich nach einem Zeitabstand von ein bis zwei Wochen während der Konsultation mit dem Therapeuten ausgewertet und bilden die Grundlage für die Verhaltensanalyse. Ziel ist es, basierend auf den Symptomprotokollen (Analyse im Hier und Jetzt) sowie der Analyse der umfassenden Lebensgeschichte (biographische Anamnese) ein komplexes Bedingungsmodell zu erstellen, das einem subjektiven Krankheitsmodell für den jeweiligen Patienten nahe kommt. Auf Grundlage dieses hypothetischen Bedingungsmodells entwickelt der Verhaltenstherapeut einen Therapieplan. Das erfolgt nicht im stillen Kämmerlein, sondern wird gemeinsam mit dem Patienten transparent und nachvollziehbar besprochen. Damit kann beim Patienten meist eine positive Therapieerfolgserwartung erzeugt werden. Gleichzeitig bessert sich die Motivation (auch für den Therapeuten). In wissenschaftlichen Studien zu Lernvorgängen wurde darauf hingewiesen, dass die Motivation für eine Veränderung bereits 20 – 30 % des Lernfortschrittes ausmacht!

Parallel zur Symptomprotokollierung und den Gesprächen zu Motivation und Krankheitsmodell wird der Patient umfassend über seine Erkrankung aufgeklärt. Diese Therapietechnik bezeichnet man *Psychoedukation*. Für viele Patienten entsteht durch Psychoedukation eine erste Entlastung und überhaupt eine Vorstellung, wie er der über Jahre belastenden „dummen Angewohnheit" oder „Marotte" etwas entgegensetzen kann. Die Erkenntnis, dass es sich um eine klinisch relevante und behandelbare Erkrankung handelt, führt oft zu einer Art „Anerkennung der Krankheit" vor sich selbst und damit auch zu einer weiteren Reduktion der Symptome. Psychoedukation heißt nicht nur Aufklärung durch den Therapeuten, sondern zeigt ebenso Selbsthilfemöglichkeiten und Informationsquellen auch über das Internet (www.trichotillomanie.de) auf.

Die am gründlichsten untersuchte verhaltenstherapeutische Technik zur Behandlung von Trichotillomaniebetroffenen stellt das so genannte *Habit Reversal Training* (HRT) dar. Hierbei erlernen die Patienten bei Auftreten entsprechender Impulse zum Haarezupfen, eine konkurrierende motorische Gegenbewegung entgegen zu setzen (z. B. das Zusammenpressen der Hände für 3 Minuten in dem Moment, wenn der Impuls auftritt). Gleichermaßen wird Wert auf eine verstärkte Wahrnehmung von Impulsen, das Erkennen von Verhaltensweisen, die zur störenden Handlung führen sowie das Identifizieren typischer Auslösesituationen gerichtet. Zum Habit Reversal Training gehört ein Entspannungstraining, meist nach Jacobson und das Bewusstmachen der Konsequenzen, die durch das Haareausreißen entstehen würden. Das Vorgehen kann kreativ erweitert werden durch den Einsatz weiterer *Ablenkungstechniken:* Dabei wird gezielt auf eine alternative Beschäftigung der Hände in kritischen Auslösesituationen hingearbeitet. Beispielsweise kann der Einsatz von Knautschbällen oder anderen Gegenständen, die eine positive Hautstimulation ausüben (z. B. angenehme Stoffe, Teppichfasern oder Gegenstände mit einem weichen, stacheligen stimulierenden Profil) eine Ablenkungsstrategie unterstützen. Das Zusammenstellen eines individuellen „*Wohlfühlsets*", das dem Patienten im Sinne eines „*Notfallkoffers*" für Impulsattacken zur Verfügung steht, soll

nicht nur der Ablenkung dienen, sondern dem „Kick" während des Haarzupfens bewusst entgegen gesetzt werden.
Da sich Symptomverhalten durch häufiges Ausüben an bestimmte externe Umgebungsbedingungen (gewohnter Fernsehsessel im Wohnzimmer) koppelt, ist der Einsatz einer *Stimuluskontrolle* therapeutisch wirksam einzusetzen. Dabei geht es um die Identifizierung typischer Situationen, in denen das Problemverhalten auftritt (z. B. Lesen eines Buches gekoppelt mit einer bestimmten Körperhaltung). Derartige Situationen sollen von vorn herein bewusst verändert werden, beziehungsweise Alternativen herausgefunden werden.
Auch scheint ein *Expositionstraining* sinnvoll, wie es aus der Therapie von Zwangsstörungen bekannt ist. Während bislang das Suchen nach Alternativen und Ablenkung im Vordergrund stand, geht es bei der Exposition um gezielte Konfrontation mit Auslösereizen. Hierbei werden Impulse bewusst provoziert, ohne dass die dabei ausgelösten Handlungsimpulse ausgeführt werden dürfen. Beispielsweise kann ein Patient, der beim Anblick seiner Haare im Spiegel vermehrt den Drang zum Zupfen verspürt, bei einer Expositionsübung für eine bestimmte Zeit vor einem Spiegel sitzen, sich sein Haar ansehen und lernen, den auftretenden Impulsen zu widerstehen. Therapeutenbegleitet kann während einer solchen Übung erstmals vom Patienten erlebt werden, dass sich bereits automatisierte Handlungsabläufe: Blick in den Spiegel – Hand geht zum Haar – zupfen – unterbrochen werden können. Unterstützt werden kann das Vorgehen durch eine motivierende und den Widerstand verstärkende positive verbale Selbstinstruktion (z. B. „Ich bin stark und halte durch!"). Allerdings setzt das Expositionstraining schon eine gewisse therapeutische Reife des Patienten voraus. Bei starker Symptomausprägung und zu Beginn der Behandlung kann das Abdecken von Spiegeln (Stimuluskontrolle) den Patienten vor spontan auftretenden Rückfällen schützen. Insgesamt soll durch ein derartiges Expositionstraining mehr Achtsamkeit für den Aufbau des eigenen Widerstands erzeugt werden.

Was ist unter multimodaler Verhaltenstherapie zu verstehen?
Die ausschließliche Anwendung symptomorientierter Verfahren eignet sich meist nur bei relativ schwacher Symptomausprägung. In der klinischen Praxis ist häufig der Einsatz von so genannter multimodaler Verhaltenstherapie erforderlich. Dabei werden symptomorientierte Verhaltenstherapietechniken mit Methoden gekoppelt, die sich auf die verursachenden bzw. auf die aufrechterhaltenden Faktoren beziehen. Derartige Faktoren lassen sich durch gemeinsame biographieorientierte Gespräche im Rahmen einer umfassenderen Verhaltensanalyse identifizieren. Zum Beispiel kann eine Patientin die Erfahrung gemacht haben, dass mit Beginn der Schulzeit seitens der Eltern sehr viel Leistungsdruck ausgeübt wurde. Die Patientin, die zu dieser Zeit emotional noch stark abhängig von der Zuwen-

dung der Eltern war, möchte unbewusst und bewusst diesen Ansprüchen genügen und strengt sich besonders an. Sie nimmt die Erwartung der Eltern vorweg und versucht unbedingt den Eltern „Freude" zu machen. Ihre Überforderung reflektiert sie in diesen Situationen meist nicht. Vielmehr „sucht sich die Seele" einen Ausweg aus dem Dilemma und die Patientin „entdeckt" dabei zufällig beim Kämmen der Haare vor dem Spiegel ein besonders dickes Haar, sie spielt an dem Haar herum und reißt es aus … In diesem Moment ist sie ganz bei sich und erlebt eine Art Abschottung von negativen Überforderungsgefühlen. Zukünftig dient das Haarausreißen der Entspannung und Entlastung. Das Symptom bietet an dieser Stelle den Schutz- und Schonraum, den die Patientin im elterlichen Milieu nicht erlebt hat und aus eigener Kraft von ihrer Persönlichkeitsentwicklung noch nicht erkennen kann. In diesem Fall besteht das Hintergrundproblem sowohl in dem überfordernden Elternhaus, als auch in der Unfähigkeit der Patientin, sich von Überforderungen ausreichend abgrenzen zu können. Dient quasi das Symptom als Hilfsmittel für Schutz gegenüber Überforderung, spricht man von *Funktionalität des Symptoms*. Ohne die Bearbeitung derartiger Hintergrundprobleme ist ein dauerhafter Therapieerfolg nicht gewährleistet. Untersuchungen zur Persönlichkeitsstruktur von Patientinnen mit Trichotillomanie haben gezeigt, dass häufig stark selbstunsichere Persönlichkeitsanteile funktional mit der Symptomatik verknüpft sind. Bei der Behandlung der Trichotillomanie ist demzufolge in den meisten Fällen ein multimodales verhaltenstherapeutisches Vorgehen erforderlich.

Dabei können in *Rollenspielen* typische zwischenmenschliche Konfliktsituationen nachgespielt und mit dem Therapeuten analysiert werden. Mit dem Patienten wird herausgearbeitet, welchen Anteil er an der Problemkonstellation hat. In weiteren therapeutischen Rollenspielen wird neues Verhalten schrittweise erprobt und eingeübt. Dieses Verhalten kann im realen Umfeld des Patienten bewusst zur Lösung der Probleme eingesetzt werden. Hilfreich haben sich in diesem Zusammenhang „*hypothesengeleitete Tagebücher*" erwiesen. Darin beschreibt der Patient, seine meist negativ gefärbten Erwartungen („ich habe sowieso keine Chance") an die bevorstehende Auseinandersetzung mit der Konfliktperson. Nach der Auseinandersetzung überprüft der Patient seine Vorhersage mit den real eingetretenen Ereignissen. Im Ergebnis lassen sich entsprechende negative Einstellungsmuster zu sich selbst erkennen und korrigieren. Häufig werden bei der Bearbeitung derartiger Persönlichkeitsdefizite verzerrte Einstellungen der eigenen Person gegenüber wie („Ich bin nichts wert."), („Andere werden mir meine Unsicherheit ansehen und sich abwenden."), („Ich kann mich nicht durchsetzen."), („Die anderen sind klüger und besser als ich.") deutlich. Die systematische Bearbeitung solcher Einstellungsmuster im Rahmen einer multimodalen Verhaltenstherapie wird als „*kognitive Umstrukturierung*" bezeichnet. „Kognitiv" bezeichnet an dieser Stelle das Denken betreffend.

In bestimmten Fällen ist es sinnvoll, Therapiegespräche mit realen Familienangehörigen durchzuführen. Meist werden in *Angehörigengesprächen* zusätzlich wichtige Informationen für die Verhaltensanalyse gewonnen, es können auch erste Lösungsansätze gemeinsam mit den Angehörigen besprochen werden.

Zusammenfassung: Nach den bisherigen wissenschaftlichen Untersuchungen kann die Verhaltenstherapie zur Behandlung der Trichotillomanie als die Therapiemethode der Wahl angesehen werden. Bestenfalls sollte sich das verhaltenstherapeutische Vorgehen sowohl auf die Symptomebene, als auch auf die Ebene der verursachenden Konflikte richten (multimodale Verhaltenstherapie). Verhaltenstherapie kann auch mit Psychopharmakotherapie kombiniert werden. Sollte kein Zugang zu einer Verhaltenstherapie möglich sein, erscheint eine allgemeine Psychotherapie (Tiefenpsychologie/Psychoanalyse) unter Umständen günstiger, als sich gar nicht um seine Erkrankung zu kümmern.

Muss der Therapeut spezialisiert sein?

Nicht selten erfährt der Patient per Zufall (z. B. über das Internet), dass die „krankhafte Marotte" tatsächlich eine Erkrankung ist. Die Suche nach einem geeigneten Therapeuten, der geeigneten Therapieform und der Frage, ob der Therapeut entsprechend spezialisiert sein sollte – bestimmen von vornherein wesentlich mit, ob dem Patienten wirklich geholfen werden kann.

In der Psychotherapie haben sich zwei grundlegende Therapierichtungen – der psychoanalytisch-tiefenpsychologische Therapieansatz und der verhaltenstherapeutische Ansatz – etabliert. Während die Stärke der Tiefenpsychologie in der Förderung von Einsicht in die verursachenden Zusammenhänge zu finden ist, liegen die Schwerpunkte der Verhaltenstherapie in der Lösungsorientierung. Bei einer leichten bis mittelschweren Trichotillomaniesymptomatik und einem bestehenden starken Hintergrundkonflikt kann ein Trichotillomaniepatient durchaus von einem rein tiefenpsychologischen Therapieansatz profitieren. In einem solchen Fall wird der Therapeut mit dem Patienten versuchen, die bestehenden Hintergrundprobleme aufzudecken und konstruktiv zu verändern.

Handelt es sich um eine schwerere Symptomatik, ist der Patient oft so stark in seiner Symptomatik gefangen, dass er gedanklich völlig darauf fixiert und emotional blockiert ist.

In einem derartigen Zustand können Patienten meist nicht „über den Tellerrand" sehen. Ein ausschließlich auf Konfliktlösung orientierter Ansatz könnte den Patienten noch tiefer in Hoffnungslosigkeit und Ratlosigkeit stürzen, da er vom „Experten" gesagt bekommt, dass er neben der schweren Tricho-Symptomatik auch Familien-, Partner- oder andere Konflikte bestehen. Dies kann unter Umständen zum Therapieabbruch führen.

Im Gegensatz dazu würde eine rein symptomorientierte Verhaltenstherapie zu einer raschen symptomatischen Besserung führen. Bleiben jedoch verdeckt bestehende Konflikte unberücksichtigt, kann es zu Rückfällen kommen.

Mit Blick darauf sollte das bei der Auswahl des geeigneten Therapeuten beachtet werden und im Rahmen der probatorischen Sitzung besprochen werden.

Die Art der Psychotherapieschule (analytisch und/oder verhaltenstherapeutisch orientiert) sowie eine Spezialisierung des Therapeuten zur Behandlung der Trichotillomanie sind zentrale Fragen, die zu Beginn der Therapie gestellt werden sollten.

Zusammenfassung: Bestenfalls verfügt der Therapeut über Erfahrungen im Umgang mit zwanghaften Verhaltensstörungen. Dabei spielt seine Bereitschaft, sich in der Behandlung der Trichotillomanie weiter zu entwickeln, eine wesentliche Rolle. Zu diesem Zweck bietet die DGZ für interessierte Therapeuten regelmäßig Fortbildungsveranstaltungen an. Ebenso ist es möglich, sich bei der DGZ einen Therapeuten nennen zu lassen.

Was sind die wichtigsten Therapieinhalte?

Ausgehend von einer multimodalen Verhaltenstherapie richten sich wesentliche Therapieinhalte auf die Reduktion der Trichotillomaniesymptomatik, ggf. auf die begleitende komorbide Symptomatik wie. Ängste, Depressionen u. ä. Sollten zudem mit der Symptomatik verbundene Konflikte bestehen, wird deren Bearbeitung zu einem weiteren wichtigen Therapieinhalt. Symptomreduktion wird erreicht durch eine umfassende Aufklärung des Patienten zur Erkrankung (Psychoedukation). Mit Hilfe verschiedener VT-Techniken kann speziell auf die Trichotillomaniesymptomatik eingewirkt werden (Siehe Punkt 6 – Welche Therapieform ist geeignet?). Dabei ist die aktive Mitarbeit des Betroffenen besonders wichtig.

Wenn es um die Bearbeitung von Konflikten geht, wird es notwendig sein, die Defizite des Betroffenen aus der individuellen Lerngeschichte abzuleiten.

Dies kann Probleme im Umgang mit negativen Gefühlen (Ärger, Wut, Hass, Kränkung, Enttäuschung) betreffen, sowie sich auf Schwierigkeiten beziehen, Bedürfnisse wahrzunehmen und durchzusetzen (wie Autonomie, Gleichberechtigung, Anerkennung). Weiterhin gehören dazu weitere Probleme aus dem Bereich der sozialen Kompetenz, wie z. B. ein Streitgespräch konstruktiv zu führen oder sich von überzogenen Forderungen anderer abzugrenzen.

Für diese Schwierigkeiten des Patienten, die sich oftmals hinter einer Symptomatik „verstecken", muß zunächst in der therapeutischen Beziehung bei dem Betroffenen eine Einsicht gefördert werden. Im Weiteren muss eine Veränderungsmotivation erzielt werden. Nicht selten sind Patienten in ihrem Leben schon über mehrere Jahre mit ihrer Symptomatik „arrangiert". Das Aufstellen einer neuen Lebensperspektive, einer „Zukunftsvision", ist ein weiterer zentraler Therapieinhalt. Von entscheidender Bedeutung ist die Nutzung der persönlichen Ressourcen des Patienten wie Durchhaltevermögen, Zuverlässigkeit, künstlerische Fertigkeiten etc.

Anschließend geht es um das Erarbeiten konkreter Veränderungsschritte. Spezifische zwischenmenschliche Problembereiche können beispielsweise in Rollenspielen schrittweise analysiert und entsprechend verändert werden. Dabei ist der Transfer des Erlernten in die reale Lebenssituation wichtig.

Zusammenfassung: Die wichtigsten Inhalte der symptomorientierten Verhaltenstherapie sind die ausführliche Symptomprotokollierung (Verhaltensanalyse, Psychoedukation – Aufklärung über das Krankheitsbild, Erlernen einer kontrollierten Gegenbewegung – Habit Reversal Training, Stimuluskontrolle, Expositionstraining und Erlernen von Ablenkung- und Entspannungstechniken). Im Rahmen der ursachenbezogenen Verhaltenstherapie geht es vor allem um die Biographieaufarbeitung, die Verbesserung sozialer Kompetenzen durch Rollenspiel und Einsatz von Videotechnik sowie das Nutzen von Angehörigengesprächen.

Wie lange dauert eine Therapie und wer finanziert sie?

Vergleicht man die durchschnittliche Krankheitsdauer von Trichotillomaniebetroffenen (ca. 10–15 Jahre) mit der zu erwartenden Veränderungszeit (Zeit für die Therapie), ist ersichtlich, dass eine Kurzzeittherapie von 25 Konsultationen über einen Zeitraum von 6–9 Monaten nicht ausreicht. In der Regel ist eine Langzeittherapie erforderlich, die bis zu 80 Konsultationen umfasst. Unter Umständen kann eine Therapie 2–3 Jahre in Anspruch nehmen.

Für gesetzlich Versicherte und Privatversicherte übernimmt die Krankenversicherung die Kosten für die Behandlung. Voraussetzung ist, dass der Therapeut eine klinisch relevante Trichotillomaniesymptomatik diagnostiziert hat. Zusätzlich muß ein ärztlicher Kollege (in der Regel der Hausarzt) diese Indikation bestätigen.

Zusammenfassung: Liegt eine klinisch relevante Symptomatik vor, übernimmt in jedem Falle die Krankenkasse die Kosten. Wie lange letztlich die Behandlung dauert, richtet sich nach der Motivation und dem Leidensdruck des Patienten und seiner Bereitschaft, konsequent an der Symptomatik und den dahinter liegenden Problemen arbeiten zu *wollen*. Eine Dauer von 2–3 Jahren ist nicht ungewöhnlich.

Ist eine vollständige Heilung möglich?

Zu dieser Frage gibt es noch keine zuverlässigen Studien. Erfahrungsgemäß kommt es durch eine Therapie zu einer deutlichen Symptomminderung und Verbesserung der Lebensqualität, jedoch bleibt bei vielen Patienten eine Restsymptomatik bestehen. Diese Patienten haben meist keinen nennenswerten Leidensdruck und die Lebensqualität ist nicht mehr beeinträchtigt. Es besteht allerdings auch eine Rückfallgefährdung.

Zusammenfassung: Wie weit der Patient im Rahmen seiner Behandlung tatsächlich kommt, ist sehr stark vom Einzelfall abhängig. Es kann günstig sein, mit seinem Therapeuten abzuwägen, was sich alles im Leben des Patienten ändern soll und wird. Oftmals tun sich Patienten schwer, eine gewisse Restsymptomatik vollständig aufzugeben.

Muss ich mit Rückfällen rechnen und wenn ja, wie gehe ich damit um?

Erfahrungsgemäß haben die Betroffenen im Verlauf der Therapie und später Rückfälle. Das bedeutet jedoch nicht, dass man wieder völlig am Anfang steht. Oft ist das die Angst der Betroffenen. Aus diesem Grund gehört es gleich zu Beginn der Therapie dazu, mit Rückfällen realistisch umzugehen. Bedeutsam ist, zu welchem Zeitpunkt der Therapie der Rückfall auftritt. Mitunter haben Therapeut und Patient wichtige Bedingungsfaktoren für die Aufrechterhaltung der Tricho-Symptomatik nicht ausreichend beachtet.

Problematisch ist nicht der Rückfall an sich, sondern wie damit umgegangen wird. Hier eignet sich das Sprichwort „hinfallen ist keine Schande, aber liegen bleiben". Eine Analyse eines Rückfalls kann auch wichtige Hinweise für das weitere Vorgehen in der Therapie geben.

Dabei helfen u. a. folgende Fragestellungen:
- Habe ich genügend positive alternative Verhaltensweisen aufgebaut?"
- Gibt es ein langfristiges Therapieziel?
- Gibt es eine Vision über das Leben in fünf Jahren?
- Welche Person möchte ich dann sein?
- Auf welche Dinge in meinem Leben möchte ich dann zurückblicken?
- Welchen Sinn macht die Trichotillomanie für mein Leben aus?
- Sind die auslösenden Faktoren für die Entstehung der Trichotillomanie ausreichend bearbeitet?
- Gibt es noch „wunde Punkte", welche noch nicht ausreichend versorgt werden?
- Habe ich in der Therapie die aufrechterhaltenden Faktoren für die Trichotillomanie im Auge?
- Wie gehe ich sonst mit mir in meinem Leben um?

Die Trichotillomanie wird als *Impulskontrollstörung* klassifiziert. In der Wissenschaft werden dabei Besonderheiten der Neurobiologie im Gehirn diskutiert. In diesem Bereich sind noch nicht alle Fragen geklärt. Fest steht, dass ein Teil der Rückfälle durch die Schwierigkeiten der Betroffenen provoziert wird, entsprechende Impulse zum Haareausreißen nach wie vor nicht kontrollieren zu können. Das führt häufig in einen Teufelskreis, weil sich der Patient dafür verantwortlich und schuldig fühlt. Für den Umgang mit Rückfällen ist es daher wesentlich, den Widerstand gegen das Symptom möglichst bald aufzubauen.

Hilfreich dafür sind:
- Nutzung eines zuvor aufgestellten Krisenplanes,
- Sich aus der Problemsituation hinausbringen (Freunde anrufen oder direkt aufsuchen),
- Nutzung eines „Wohlfühlsets" mit kleinen Utensilien, welche das Manipulieren an den Haaren oder der Haut gewissermaßen ersetzt und eine wohltuende entspannende Wirkung auslöst,
- Einsatz von alternativen konkurrierenden Handlungen (im Sinne des Habit Reversal Trainings),
- Innere Achtsamkeit entwickeln für negative Gefühle, die eine Symptomverstärkung begünstigen,
- Symptomprotokolle schreiben,
- Rückblick auf vorangegangene Konstellationen und die erreichten Fortschritte, Mut machen, die anstehende Situation zu bewältigen.

Nicht selten zeigt sich in Behandlungen, dass ein guter Therapiefortschritt von ca. 70–80 % Symptomreduktion erreicht wird, der Patient sich jedoch schwer tut, die Restsymptomatik vollständig aufzugeben. Gemeinsam mit dem Therapeuten kann es durchaus sinnvoll erscheinen, sich Gedanken über einen sogenannten *Abstinenzvertrag* zu machen, mit dem ein völliger Verzicht auf die Symptomatik für den Rest des Lebens vereinbart wird. Die entsprechende Motivierung dafür muß jeweils kritisch hinterfragt und möglicherweise gemeinsam erarbeitet oder, im Sinne einer positiven Zielvorstellung, visualisiert werden.

Zusammenfassung: Im Rahmen einer Behandlung läßt sich ein Rückfall meist nicht vermeiden. Die Angst, alles beginnt noch mal von vorn, ist jedoch unbegründet. Es kommt vielmehr darauf an, sich über mögliche Ursachen für den Rückfall klar zu werden und den Kampf gegen das Symptom erneut aufzunehmen. Hilfreich erweisen sich der Einsatz von Krisenplänen, Pflege sozialer Kontakte sowie die Entwicklung einer inneren Achtsamkeit für mögliche potentielle Auslöser.

Was müsste sich in Zukunft ändern?

Ein vordergründiges Ziel ist der Ausbau einer flächendeckenden Versorgung, ähnlich wie für Zwangspatienten. Dazu gehören vor allem Öffentlichkeitsarbeit, Aufklärung in den Medien, bzw. Informationen über das Internet, wodurch Zugangswege zu professioneller Hilfe oder Selbsthilfeverbänden aufgezeigt werden. Weiterhin gehört dazu die Aufklärung ärztlicher Kollegen, speziell Haus- und Hautärzte, psychologischer Therapeuten, Nervenärzte sowie Psychiater. Auch sollten niedergelassene und stationäre Psychotherapeuten eine spezielle Weiterbildung in Diagnostik und Behandlung der Trichotillomanie durchlaufen.

Im Bereich der Wissenschaft sind noch viele Fragen offen. Für die Zukunft wäre es erfreulich, wenn ein einheitliches Messinstrument zur Bestimmung des Schweregrades der Trichotillomanie zur Verfügung stehen würde, um beispielsweise sogenannte „multizentrische Studien" (d. h. Studien an verschiedenen Orten) gleichzeitig durchführen zu können.

In den Studien sollten folgende Schwerpunkte gesetzt werden:
- Therapien bzw. Therapiebausteine, die zu den besten Ergebnissen führen.
- Pharmakotherapie, die am wirkungsvollsten einzusetzen ist.
- Hinweise auf bestimmte Subgruppen der Trichotillomanie und Auswahl spezifischer Therapieansätze für die jeweilige Gruppe.

Medikamentöse Behandlungsmöglichkeiten der Trichotillomanie

von Michael Rufer

Zusammenfassung
Die Trichotillomanie kann nicht nur psychotherapeutisch sondern auch medikamentös erfolgversprechend behandelt werden. Allerdings gibt es bis heute kein Medikament, welches für die Behandlung der Trichotillomanie zugelassen ist. Es wird daher in der Praxis auf Medikamente zurückgegriffen, die sich bei anderen psychischen Störungen bewährt haben. Die diagnostische Zuordnung der Trichotillomanie zu den Zwangsspektrums-Störungen spricht für den Einsatz bestimmter Antidepressiva, den selektiven und nicht-selektiven Serotonin-Wiederaufnahmehemmern (SSRI und SRI). Die Wirksamkeit dieser Medikamente bei Zwangsstörungen wurde vielfach nachgewiesen.

Medikamente*	Dosierungsempfehlung (mg pro Tag)
Selektive Serotonin-Wiederaufnahmehemmer (SSRI)	
Citalopram	20–60
Escitalopram	10–20
Fluoxetin	20–60
Fluvoxamin	100–300
Paroxetin	20–60
Sertralin	50–200
Nicht-selektive Serotonin-Wiederaufnahmehemmer (SRI)	
Clomipramin	50–250

* Die hier genannten Wirkstoffe sind unter verschiedenen Markennamen im Handel

Die Ergebnisse von wissenschaftlichen Therapiestudien mit einigen dieser Medikamente zur Trichotillomanie sprechen zumindest teilweise für einen bedeutsamen Behandlungseffekt im Vergleich zu Scheinmedikamenten („Placebos"). Allerdings zeigte sich, dass trotz fortgesetzter Medikation die Behandlungserfolge im Langzeitverlauf zum Teil wieder abnahmen und es auch nach Absetzen der Medikation häufig zu Rückfällen kam. Daher erscheint die Vermittlung von aktiven, verhaltenstherapeutischen Bewältigungsstrategien zusätzlich zu einer medikamentösen Behandlung bei Trichotillomanie in jedem Fall indiziert.

Häufige Fragen von Betroffenen

Ich leide unter Trichotillomanie – welche Medikamente kommen für mich in erster Linie in Frage?
Entsprechend klinischen Erfahrungen und den Ergebnissen einiger wissenschaftlicher Studien ist die Behandlung mit SSRI oder SRI als erste Wahl anzusehen. Diese Medikamente können auch eine Verminderung von zusätzlich bestehenden Depressionen bewirken. Sie können aber auch dann zu einer Besserung der Trichotillomanie führen, wenn keine Depression besteht.

Gibt es andere Medikamente als die SSRI und SRI, deren Wirksamkeit bei Trichotillomanie nachgewiesen ist?
Auch für folgende Substanzen fanden sich in einigen wenigen wissenschaftlichen Studien Hinweise auf ihre Wirksamkeit bei Trichotillomanie: Venlafaxin (ein Antidepressivum aus der Gruppe der selektiven Serotonin-Noradrenalin-Wiederaufnahmehemmern, SNRI), Lithium (ein stimmungsstabilisierendes Medikament) und Olanzapin (ein Neuroleptikum). Es fehlen aber noch aussagekräftige („placebokontrollierte") Untersuchungen, so dass sie zurzeit nicht als erste Wahl empfohlen werden können. Darüber hinaus gibt es Einzelfallberichte und Studien mit sehr wenigen Patienten über mehrere andere Präparate, wie beispielsweise Haloperidol und Naltrexone. Bis heute reichen die wissenschaftlichen Belege für diese Substanzen aber nicht aus, um sie für die Behandlung der Trichotillomanie empfehlen zu können. Enttäuschend sind die Ergebnisse von Behandlungen an den Körperstellen, an denen Haare ausgerissen werden (wie z. B. Steroid-Cremes gegen Juckreiz und/oder Schmerzen durch das Haareausreißen). Deren Anwendung ist meistens unbefriedigend. Abzuraten ist von der Einnahme von Beruhigungsmitteln (z. B. Benzodiazepine). Diese beruhigen zwar, wirken aber nicht direkt gegen das zwanghafte Haareausreißen und haben auch keinen antidepressiven Effekt. Hinzu kommt, dass bei solchen Medikamenten die Gefahr der Abhängigkeitsentwicklung besteht, was bei den SSRI und SRI nicht der Fall ist.

Wie wirken die SSRI und SRI bei Trichotillomanie?
Diese Medikamente wirken auf den Stoffwechsel im Gehirn. Sie beeinflussen insbesondere den Botenstoff Serotonin in den Verbindungsspalten (Synapsen) zwischen den Nervenzellen. Dadurch, dass die SSRI und SRI die Wiederaufnahme von Serotonin in die Nervenzellen vermindern, wird der Abbau des Serotonins verzögert. Durch die auf diese Weise verstärkte Wirkung des Serotonins erklärt man sich die positiven Effekte dieser Medikamente auf Depressionen, Angststörungen, Zwangsstörungen und auch auf die Trichotillomanie.

Wenn ich mit einem Medikament neu beginne: Wie lange dauert es, bis es wirkt?
Die SSRI und SRI wirken nicht sofort; es ist also nicht sinnvoll, diese Medikamente nur kurzzeitig ‚bei Bedarf' einzusetzen. Sie müssen täglich eingenommen werden, häufig dauert es dann 3 – 8 Wochen bis die positive Wirkung beginnt. Bei regelmäßiger Einnahme in ausreichend hoher Dosierung wirken diese Medikamente bei etwa 50 – 70 % der Betroffenen; sie führen dann zu einer Abschwächung, aber nur sehr selten zu einem vollständigen Verschwinden der Trichotillomanie-Symptome.

Was kann ich tun, wenn sich meine Symptome trotz regelmäßiger Einnahme eines SSRI oder SRI nicht bessern?
Zuerst ist zu überprüfen, ob der SSRI bzw. SRI ausreichend lange eingenommen wurde (wie oben beschrieben kann es bis zu 8 Wochen dauern, bis die Wirkung einsetzt) und ob die Dosis ausreichend hoch war. Wenn beides der Fall ist und dennoch keine oder nur eine unbefriedigende Wirkung auftritt, ist zusammen mit dem behandelnden Psychiater zu überlegen, ob das Medikament nicht gewechselt werden sollte. In erster Linie sind dann folgende Möglichkeiten zu empfehlen:

Wenn ein SSRI eingenommen wurde
- ➜ Wechsel auf einen anderen SSRI, oder
- ➜ Wechsel auf einen SRI (Clomipramin), oder
- ➜ Wechsel auf Venlafaxin

Wenn ein SRI (Clomipramin) eingenommen wurde
- ➜ Wechsel auf einen SSRI, oder
- ➜ Wechsel auf Venlafaxin

Wenn trotz einem oder mehrerer solcher Medikamenten-Wechsel die Wirkung unbefriedigend bleibt, können im Einzelfall weitere Medikamente eingesetzt werden, die bei der oben beschrieben „Gibt es andere Medikamente als die SSRI und SRI, deren Wirksamkeit bei Trichotillomanie nachgewiesen ist?" erwähnt werden. Solche Behandlungen sollten immer nur durch einen Trichotillomanie-erfahrenen Psychiater durchgeführt werden. Grundsätzlich gilt bei nicht ausreichendem

Erfolg einer medikamentösen Behandlung, dass umso mehr eine intensive Psychotherapie zu empfehlen ist.

Mit welchen Nebenwirkungen muss ich rechnen?

Die SSRI gelten als relativ gut verträglich, dennoch sind unerwünschte Wirkungen gerade in der ersten Zeit der Einnahme nicht selten. Am häufigsten treten Übelkeit, Unruhe, Schlafstörungen, Kopfschmerzen, verstärktes Schwitzen oder sexuelle Funktionsstörungen auf. Etwas häufiger verursacht Clomipramin (ein SRI) unerwünschte Wirkungen. Diese können die gleichen sein wie bei den SSRI, zusätzlich wird nicht selten über Schwindelgefühle, Probleme beim Wasserlassen, Mundtrockenheit, Gewichtszunahme oder verschwommenes Sehen berichtet. Wie bei allen wirksamen Medikamenten gibt es darüber hinaus noch weitere selten oder sehr selten auftretende unerwünschte Wirkungen der SSRI und SRI.

Empfehlenswert ist der Beginn mit einer niedrigen Dosis des Medikamentes mit nachfolgend schrittweiser Dosissteigerung. So können unerwünschte Wirkungen manchmal ganz vermieden werden oder sie treten zumindest weniger ausgeprägt aus. Die meisten unerwünschten Wirkungen sind in der Regel vorübergehend und verschwinden im Laufe der ersten 2 – 3 Wochen der regelmäßigen Einnahme. Diese ersten Wochen können also viel Durchhaltewillen von Seiten der Betroffenen erfordern: eine positive Wirkung des Medikamentes ist noch nicht eingetreten, aber unangenehme Nebenwirkungen können deutlich spürbar sein. Nachfolgend kehrt sich dies bei einer erfolgreichen Behandlung aber um: die unerwünschten Wirkungen gehen zurück und die positive Wirkung tritt ein.

Falls die unerwünschten Wirkungen zu stark sind oder zu lange bestehen bleiben, kann ein Fortsetzen der Medikation erschwert werden oder auch unmöglich sein. Bei einer solchen Unverträglichkeit ist dann zu überlegen, auf welches Medikament gewechselt werden sollte. In einem solchen Fall wählt man im Allgemeinen eine Substanz aus einer anderen Medikamentengruppe:

Wenn ein SSRI eingenommen wurde
- ➜ Wechsel auf einen SRI (Clomipramin), oder
- ➜ Wechsel auf Venlafaxin

Wenn ein SRI (Clomipramin) eingenommen wurde
- ➜ Wechsel auf einen SSRI, oder
- ➜ Wechsel auf Venlafaxin

Ist eine Schwangerschaft während der Einnahme von SSRI oder SRI vertretbar?

Alle Psychopharmaka während der Schwangerschaft sind problematisch, da für keines der Medikamente ein erhöhtes Risiko für das Ungeborene ausgeschlossen werden kann. Das gilt auch für die SSRI und SRI. Auch wenn die Kenntnisse hierzu noch lückenhaft sind, weisen inzwischen mehrere Studien darauf hin, dass durch die Einnahme von SSRI oder SRI während der Schwangerschaft das Risiko für Schädigungen des Ungeborenen erhöht wird. Daher ist von einer Schwangerschaft unter Medikation dringend abzuraten, eine sichere Empfängnisverhütung ist unbedingt notwendig. Auf der anderen Seite kann im Einzelfall eine Medikation mit einem SSRI oder SRI während einer Schwangerschaft sinnvoll sein, beispielsweise wenn eine zusätzlich zur Trichotillomanie bestehende Depression so ausgeprägt ist, dass die Betroffene hierdurch selbst gefährdet ist. Die Entscheidung für oder gegen eine Medikation kann immer nur individuell, auf der Basis einer eingehenden psychiatrischen Beratung, getroffen werden. Der behandelnde Psychiater führt eine sorgfältige Nutzen-Risiko-Abwägung zusammen mit der Betroffenen durch, wenn möglich sollte auch der Partner miteinbezogen werden.

Welcher Arzt sollte mich beraten und die Verschreibung übernehmen?
Grundsätzlich kann jeder Arzt die Medikamente verschreiben. Zumindest in der ersten Behandlungsphase ist es aber ratsam, dass dies von einem Facharzt für Psychiatrie und Psychotherapie übernommen wird, der sich mit der Behandlung von Trichotillomanie auskennt und auf diese Weise auch eine individuelle und kompetente Beratung durchführen kann. Wenn die Medikation gut vertragen wird und länger fortgeführt werden soll, kann die Behandlung oft auch von anderen Ärzten (z. B. dem Hausarzt) übernommen werden. Spätestens beim Absetzen empfiehlt sich aber wieder eine Begleitung durch einen Psychiater, da es zu unangenehmen Absetz-Phänomenen (wie Schwindel, Herzklopfen oder Ängsten) und einer erneuten Zunahme der Trichotillomanie-Symptome kommen kann.

Wie lange soll ich Medikamente einnehmen?
Wenn die Behandlung nur mit Medikamenten (ohne gleichzeitige Psychotherapie) erfolgt, kommt es nach dem Absetzen in den meisten Fällen zu einer erneuten Zunahme der Trichotillomanie-Symptome. Von daher ist das vorherige Erlernen von aktiven Bewältigungsstrategien als Schutz vor Rückfällen zu empfehlen. Erste Wahl sind hierfür verhaltenstherapeutische Ansätze.
Die Entscheidung für oder gegen die Fortführung einer medikamentösen Therapie sollte immer individuell mit dem behandelnden Arzt und Psychotherapeuten besprochen werden. Für ein Absetzen spricht beispielsweise:

- Sie konnten in der Psychotherapie lernen, mit Anspannung umzugehen und schaffen es, dem Drang nach dem Haareausreißen zu widerstehen
- Es bestehen wenige zusätzliche Belastungen und Problembereiche in Ihrem Leben
- Es bestehen keine weiteren psychischen Erkrankungen, z. B. keine schweren Depressionen

- Sie sind optimistisch, eventuell erneut auftretende Symptome der Trichotillomanie aktiv bewältigen zu können

Gegen ein Absetzen spricht beispielsweise:
- Die Psychotherapie war wenig erfolgreich; Sie haben nicht das Gefühl, dass diese etwas für die Bewältigung der Trichotillomanie gebracht hat
- Sie schaffen es selten, dem Drang nach dem Haareausreißen zu widerstehen, kennen keine für Sie hilfreichen Bewältigungsstrategien
- Frühere Versuche des Absetzens von Medikamenten haben jeweils zu einer deutlichen Zunahme der Trichotillomanie-Symptome geführt
- Es bestehen noch andere psychische Erkrankungen, deretwegen eine Fortführung der Medikation sinnvoll ist

Es gibt aber meist noch mehr individuelle Aspekte, die für diese Entscheidung eine Rolle spielen. Dementsprechend kann die empfohlene Dauer einer Medikation dann, je nach individueller Situation, zwischen wenigen Monaten und mehreren Jahren liegen. Grundsätzlich sollte beim Beenden einer medikamentösen Behandlung die Dosis des Medikamentes über Wochen bis Monate schrittweise verringert werden, bevor es dann ganz abgesetzt wird. So kann das Risiko unangenehmer Absetzphänomene deutlich vermindert werden.

Können mir auch bestimmte Diäten bei Trichotillomanie helfen?
Über den Einfluss der Ernährung auf die Trichotillomanie gibt es viele Spekulationen und einige Betroffene haben eigene Theorien und Diäterfahrungen. Bisher konnte aber kein Einfluss von bestimmten Nahrungsmitteln auf die Entstehung oder den Verlauf der Trichotillomanie nachgewiesen werden.

Wirken homöopathische oder pflanzliche Mittel bei Trichotillomanie?
Einzelne Betroffene berichten gelegentlich über positive Effekte, die sie nach Einnahme von homöopathischen oder pflanzlichen Mittel bei sich bemerkt haben. Es gibt aber keine wissenschaftlichen Belege für die Wirksamkeit dieser Mittel bei Trichotillomanie.

Trichotillomanie – Stationäre Behandlung

von Rainer Hoffmann

Was unterscheidet die Therapie in einer Klinik von einer ambulanten Therapie? Wann ist es ratsam eine stationäre Therapie zu wählen?
Die Gründe für eine stationäre Behandlung der Trichotillomanie können sehr vielfältig sein. Zunächst ist – ähnlich wie bei anderen Erkrankungen – eine stationäre Therapie immer dann zu überlegen, wenn eine ambulante Behandlung nicht ausreicht. Dies kann z. B. der Fall sein, wenn trotz ausreichend langer (meist mehrere Monate) ambulanter Verhaltenstherapie, unterstützender medikamentösen Behandlung z. B. mit einem SSRI („selektive Serotoninwiederaufnahmehemmer", eine Untergruppe von Medikamenten zur Behandlung von Depressionen) und Teilnahme an einer Selbsthilfegruppe keine Besserung eintritt.
Eine stationäre Behandlung kann aber auch noch vor einer ambulanten Therapie sinnvoll sein, z. B. wenn die Trichotillomanie sehr stark ausgeprägt ist und/oder schwere Begleiterkrankungen wie z. B. Depression, Zwänge, Essstörungen, eine Angsterkrankung, etc. bestehen, sodass von vornherein davon ausgegangen werden kann, dass eine alleinige ambulante Behandlung nicht ausreicht.
Manchmal ist es auch sehr hilfreich, aus dem gewohnten Umfeld zunächst heraus zu kommen, z. B. wenn die gewohnte Umgebung dazu beiträgt, das Reißen auszulösen und die Impulse trotz Einsatz der Therapietechniken nicht kontrolliert werden können, oder wenn die familiäre Situation sehr belastet ist.
Die Möglichkeiten und die Intensität einer stationären Therapie sind deutlich größer als bei einer ambulanten Behandlung.

Die Behandlung der Trichotillomanie erfolgt in den meisten darauf spezialisierten Stationen nach „multimodalen Konzepten", welche gewisse Ähnlichkeiten bzw. Überschneidungen zu den Therapiekonzepten bei Zwangsstörungen zeigen. Die Grundlage bzw. der Schwerpunkt der stationären Therapie ist – wie in der ambulanten Behandlung auch – eine speziell auf die Erkrankung abgestimmte Form der Verhaltenstherapie, die eine Verhaltensänderung zum Ziel hat. Sie wird als „Habit-Reversal-Trainig" bezeichnet und besteht im Wesentlichen aus Motivationsarbeit (ein Therapieziel formulieren bzw. sich den Gewinn bewusst machen, der mit einer Reduktion des Haare Ausreißens verbunden ist), Selbst- oder Verhaltensbeobachtung mit Aufmerksamkeitstraining, Unterbindung des Haare Ausreißens und Ersetzen durch alternative Verhaltensweisen („Gegenbewegung" wie Hände zusammen pressen oder eine Faust ballen, Einsatz von Igelbällen, etc.).

Außerdem werden Expositionsübungen durchgeführt, ganz ähnlich wie bei der Behandlung von Zwängen. Ziel ist es hierbei, sich durch Konfrontation mit einer Anspannung auslösenden Situation und Aushalten der Anspannung (bis zu einem deutlichen Spannungsabfall) eine „Habituation" zu erzielen. „Habituation" bedeutet „Gewöhnung" an die Situation, so dass die früher Anspannung und Reißimpulse auslösenden Situationen (z. B. Fernsehen, Telefonieren, Lesen, Langeweile, etc.) keine oder nur noch eine sehr geringe Anspannung mehr auslösen.

Viele stationäre Konzepte nutzen für das Expositionstraining die „Flooding"-Technik (engl. „überfluten"). Bei dieser Technik werden ab einem bestimmten Therapiestand und nach sorgfältiger Vorbereitung sehr intensiv die Übungen durchgeführt (jeden Tag möglichst viele Übungen), was erfahrungsgemäß bei vielen Patientinnen/Patienten die schnellsten und größten Erfolge bewirkt.

Begleitend werden weitere Therapieelemente eingesetzt: Hierzu können je nach Therapiekonzept z. B. die Körpertherapie mit dem Schwerpunkt der Körperwahrnehmung und Spannungsregulation, das Wahrnehmungstraining (teils als separates Therapieangebot, teils in mehrere Bausteine integriert), Gestaltungstherapie als Form der Kunsttherapie, Familienaufstellungen, Selbstsicherheits- und Kommunikationstraining oder soziales Kompetenztraining, gegebenenfalls unterstützende medikamentöse Therapie, etc, gehören.

Wesentlich ist auch der Aufbau von positiven Aktivitäten wie „Genusstraining", da sich sonst die Therapie nur auf das „Wegnehmen" des Symptoms beschränken würde. Das Ausreißen der Haare wird häufig als „wohltuend" oder „angenehm wie in Trance" erlebt, sodass den meisten Betroffenen ohne Ersatz „etwas fehlt". Der Aufbau alternativer positiver Aktivitäten stärkt so auch die Motivation, das Symptom aufzugeben.

Nach der ersten Phase der Symptomkontrolle bzw. Symptomreduktion schließt sich meist eine tiefere Betrachtung der Erkrankung an. Je nach Bedarf und Therapiekonzept wird beispielsweise intensive Biografiearbeit durchgeführt. Dies lässt auch einen tiefenpsychologisch oder psychodynamischen Blickwinkel auf die Entstehung und Aufrechterhaltung der Trichotillomanie zu. Oft ist es für die Betroffene/den Betroffenen entlastend und hilfreich, auch einmal über den „Tellerrand" der „reinen" Verhaltenstherapie zu blicken. Die Trennung der verschiedenen „Therapierichtungen" ist heute ohnehin nicht mehr so scharf wie früher, daher kann man sich meist auf eine umfassende Behandlung mit Einsatz aller individuell notwendigen Therapieelemente verlassen.

Oftmals bestehen große Ängste und Skepsis gegenüber einer stationären Behandlung. Eine stationäre Aufnahme muss keineswegs kurzfristig erfolgen. Vor der stationären Therapie ist es möglich, sich umfassend zu informieren und sich diesen Schritt gut zu überlegen und zu planen. So ist es für manche Patientinnen/Patienten wichtig, z. B. erst noch einen geplanten Urlaub durchzuführen oder eine Prüfung zu absolvieren. Viele Kliniken haben Wartezeiten von einigen Monaten, was einerseits ganz klar ein Nachteil ist und das Versorgungsungleichgewicht widerspiegelt, andererseits jedoch gut genutzt werden kann, um diesen Schritt sorgfältig zu planen.
Eine Ausnahme bilden akute Begleiterkrankungen wie z. B. eine Depression. Hier kann es sehr kurzfristig erforderlich sein, eine stationäre Behandlung durchzuführen. Da in einem solchen Fall die Begleiterkrankung im Vordergrund steht, ist es durchaus empfehlenswert, zunächst diese behandeln zu lassen. Dafür ist jedoch keine auf Trichotillomanie spezialisierte Station notwendig, vielmehr sind die wohnortnahen allgemeinpsychiatrischen oder jeweils auf die entsprechende Erkrankung spezialisierten Stationen zu empfehlen.

Nicht jede Patientin/jeder Patient ist zu jeder Zeit für eine Psychotherapie bereit, sei es ambulant oder stationär. Wenn es in der ambulanten Therapie „nicht weiter geht", weil unbewusste innere Widerstände dies verhindern oder die Bereitschaft für eine Psychotherapie (noch) nicht ausreichend gegeben ist, oder der Leidensdruck nur gering ist, wird manchmal daran gedacht, die Betroffene/den Betroffenen in eine stationäre Therapie zu „schicken", sei es durch Angehörige, Freunde oder auch Ärzte und Psychologen. Dies geschieht zwar im Wohlwollen und ist als aufrichtige Hilfe gemeint, jedoch kann eine stationäre Behandlung auch keine Wunder bewirken. Erfahrungsgemäß brechen die Pat. dann oft die stationäre Behandlung nach kurzer Zeit wieder ab. Psychotherapie ist immer anstrengend und bedarf einer ausreichenden *Therapiemotivation* bzw. ausreichender „Kraft", sowie einer tragfähigen therapeutischen Beziehung, egal ob ambulant oder stationär durchgeführt.
Die Ängste und Bedenken vor einer stationären Therapie sind verständlich, jedoch sind sie meist übermäßig große Erwartungsängste, die sich rasch nach der stationären Aufnahme reduzieren. Manchen hilft es, sich bewusst zu machen, dass niemals etwas gegen den Willen der Betroffenen/des Betroffenen geschieht.

Wie lange dauert in der Regel ein Aufenthalt?
Die Dauer eines stationären Aufenthaltes ist individuell sehr unterschiedlich. Für eine stationäre Behandlung, die einen anhaltenden Erfolg bringen soll, sind erfahrungsgemäß etwa 8 bis 12 Wochen erforderlich. Die Dauer hängt entscheidend vom Schweregrad der Erkrankung sowie vom Ausmaß möglicher Begleiterkran-

kungen ab. Da die Erkrankung meist bereits viele Jahre bis Jahrzehnte vor Aufnahme einer Therapie besteht, kann mit wenigen Wochen Therapie auch keine anhaltende Besserung erzielt werden.

Eine stationäre Therapie ist außerdem eher als „intensiver Baustein" in einem Gesamtbehandlungskonzept zu sehen. Eine ambulante Weiterbehandlung, die sogar oft über mehrere Jahre andauern kann, ist unbedingt zu empfehlen.

Was muss ich nach einem Klinikaufenthalt unbedingt beachten? Wie gehe ich mit Rückfällen um?

Um den Therapieerfolg nach einer stationären Behandlung erhalten zu können, sollten die erlernten Übungen und Strategien beibehalten werden. Hierzu wird oft am Ende der stationären Behandlung ein *Selbstmanagementplan* erstellt, in dem für die nächsten Wochen und Monate die Übungen, Freizeitaktivitäten, *Genusstraining*, wichtige Angelegenheiten (z. B. Arbeitsplatzsuche oder berufliche Veränderung, ein Umzug, Behördengänge, etc.), sowie ein *Notfallplan* zum Umgang mit Rückfällen festgehalten werden.

Es ist ratsam, bereits vor der stationären Therapie einen ambulanten Therapeuten zu suchen, mit dem die Weiterbehandlung durchgeführt werden kann. Da es auch bei ambulanten Therapeuten teilweise monatelange Wartezeiten gibt, besteht die Gefahr, dass der stationären Therapie eine lange Zeit ohne therapeutische Unterstützung folgt. Mit Hilfe des ambulanten Therapeuten kann z. B. auch der *Selbstmanagementplan* in den folgenden Monaten den aktuellen Situationen entsprechend angepasst werden.

Die Arbeit mit einem *Selbstmanagementplan* und das Weiterüben zuhause hört sich leichter an, als es ist. Während der stationären Therapie ist es kaum möglich, vor den Therapeuten und den Mitpatienten Rückfälle zu verheimlichen oder Übungen zu vernachlässigen, da dies täglich miteinander besprochen wird. Zuhause ist dies nicht mehr gegeben, und so treten rasch wieder Vermeidung und Rückzug in der Vordergrund: Der *Selbstmanagementplan* verschwindet in einer Schublade und das Üben wird erst auf den nächsten Tag, dann auf die nächste Woche verschoben, usw. Leider ist es dann oft nur eine Frage der Zeit, bis Rückfälle auftreten.

Wenn es zu einem Rückfall kommt, können zunächst die individuell erarbeiteten Strategien eingesetzt werden. Je nach Schwerpunkt können diese bei jedem Pat. etwas anders gelagert sein, daher nur einige Beispiele zur Verdeutlichung: Zunächst können die erlernten Techniken intensiviert werden, wie z. B. „Gegenbewegung" (habit-reversal). Wenn dies nicht ausreicht und die Impulse zu stark sind, kann der Einsatz von Strategien zum Verhindern des Reißens wie z. B. Abkleben der Fingerspitzen mit Pflaster oder Tragen von Handschuhen sinnvoll sein; je nachdem, womit positive Erfahrungen bestehen. Außerdem ist eine „Analyse" des Rückfalls sinnvoll, um weiteren Rückfällen vorbeugen zu können (gab es z. B. zu viel Stress, wurden die positiven Aktivitäten vernachlässigt, gab es Konflikte oder Streit, ...) Als weiteren Schritt ist selbstverständlich die Hilfe durch den ambulanten Therapeuten zu nennen.

Wenn der Rückfall derart massiv ist, dass alle Maßnahmen ambulant nicht ausreichen, ist eine Krisenintervention in einer Klinik sinnvoll. Hierzu reicht meist eine Wiederaufnahme für wenige Wochen aus, da nicht alles neu erlernt werden muss. In Münster z. B. bieten wir für solche Situationen die Möglichkeit einer kurzfristigen Wiederaufnahme an.

An wen muss ich mich wenden, wenn ich mich für eine stationäre Therapie interessiere?

Bei bereits bestehender ambulanter Behandlung ist es ratsam, sich mit seinem Therapeuten über eine mögliche stationäre Therapie auszutauschen.

Grundsätzlich ist es gut, sich umfassend zu informieren, also kann man durchaus den Hausarzt fragen (bei manchen Krankenhäusern reicht auch eine Einweisung des Hausarztes aus), den Therapeuten, Psychiater, etc. Selbstverständlich wird man umfassend durch Stellen informiert, die seit vielen Jahren alle Informationen hierzu sammeln, also die Tricho-Infostelle von Antonia Peters. Auch manche Krankenkassen haben Informationen oder können weiter helfen, jedoch sind die Informationen dort noch eher rar gesät.

Vor einer stationären Aufnahme sollte in einem persönlichen ambulanten *Vorgespräch* geklärt werden, ob eine stationäre Therapie aus Sicht der Klinik ebenfalls empfohlen wird, und ob einem das Konzept, die Therapeuten und die Klinik zusagen. Denn eine zu rasche Aufnahme „irgendwo" kann dazu führen, dass man nach kurzer Zeit feststellt, dass man doch nicht ganz mit dem Konzept zurecht kommt oder für eine stationäre Therapie noch nicht bereit ist, was neben überflüssig verschwendeter Zeit auch unnötige Kosten bedeutet.

Wie sage ich es meinem Umfeld, dass ich eine zeitlang in einer Klinik sein werde? Was soll ich tun, wenn meine Angehörigen mich nicht bei meinem Vorhaben unterstützen?

Wenn die Entscheidung des Betroffenen/der Betroffenen zu einer stationären Therapie gefallen ist, steht selbstverständlich die Frage an, wie das persönliche Umfeld und gegebenenfalls der Arbeitgeber darüber informiert werden.

Über allen anderen Fragen sollte die des eigenen Leidensdrucks stehen: jeder Betroffene hat das Recht auf eine adäquate Behandlung seiner Erkrankung, oft wurden schon viele Jahre aus Scham oder „falscher Rücksicht" vergeben. Trichotillomanie ist eine *Erkrankung* und jeder Betroffenen/jedem Betroffenen steht eine adäquate Behandlung zu, wie bei anderen Erkrankungen auch.

Sich „mal eben" zu „outen" – also sich einfach offen mit der Erkrankung allen Personen gegenüber im persönlichen Umfeld zu zeigen – ist meist unrealistisch.

Das Vorgehen im Detail ist bei jedem Betroffenen anders. Dies sollte mit dem/den ambulanten Behandlern und der Klinik abgesprochen werden. Hier lassen sich durch gute Beratung oft Konflikte und Probleme verhindern oder lösen. So kann es z. B. für den Arbeitgeber u. U. äußerst wichtig sein zu wissen, wie lange die Betroffene/der Betroffene auf Grund der stationären Behandlung ausfällt; jedoch muss man nicht sofort dem Arbeitgeber sagen, dass man sich die Haare ausreißt. Auch Angehörigengespräche können helfen, Verständnis und Unterstützung zu verbessern.

Aussichten: Was müsste Ihrer Meinung nach noch für die Erkrankung Trichotillomanie und die Patienten getan werden?
Bei der Behandlung der Trichotillomanie sind in den letzten Jahren teils erhebliche Fortschritte erzielt worden. Dennoch bleibt es eine schwer zu verstehende und schwer zu behandelnde Erkrankung.
Bei allen neuen Ergebnissen der Wissenschaft ergeben sich einerseits Hoffnungen, die Erkrankung besser verstehen zu können, andererseits Hoffnungen, die Therapie „standardisieren" zu können.
An dieser Stelle sei eine persönliche Anmerkung erlaubt: Wenn wirklich die Pathophysiologie (also zumindest die meisten Umstände einer Erkrankung – z. B. wie bei Lungenkrebs durch Rauchen) geklärt ist, lassen sich standardisierte Behandlungen und Empfehlungen zur Prophylaxe ableiten. Derzeit sieht es jedoch danach aus, dass die Trichotillomanie ein sehr heterogenes und multidimensionales Geschehen ist. Es scheint unter den Betroffenen vielleicht einige „Subgruppen" zu geben, jedoch scheinen (noch) die Ergebnisse vieler Studien hierzu durch relativ geringe Fallzahlen in ihrer Aussagekraft begrenzt zu sein.
Zum aktuellen Stand scheint mir eine Behandlung nach erfahrungsgemäß erfolgreichen Techniken die Basis zu sein (Verhaltenstherapie und bewährte Begleitverfahren). Jedoch scheint mir auch die Vielfalt unterschiedlicher Therapiekonzepte sinnvoll, da nicht jede Patientin/jeder Patient mit dem gleichen Konzept gleich erfolgreich ist.
Daher möchte ich eher für eine Vielfalt von Therapiekonzepten eintreten, bevor so modern beliebte „standardisierte" Konzepte grundsätzlich empfohlen werden, die einer Vielzahl von Betroffenen dann doch nicht gerecht werden.
So ist es meiner Ansicht nach durchaus von Vorteil, sich umfassend informieren zu können und sich das jeweils persönlich überzeugendste Konzept auszusuchen.

Trichotillomanie im Kindes- und Jugendalter

von Veit Rößner

Wie erkenne ich, dass mein Kind an Trichotillomanie leidet?
Wie bei Erwachsenen auch ist die Beobachtung beachtlicher Verluste von Kopfhaaren (aber auch Augenbrauen, Wimpern, Schamhaaren) bzw. das Auftreten von „kahlen Stellen" der wichtigste Hinweis auf das Vorliegen einer Trichotillomanie. Da Kinder ihren Eltern oft nicht über solches Verhalten berichten, sind bei ihnen besonders das Finden von Haarbüscheln bzw. die direkte Beobachtung des Haareausreißens diagnoseleitend. Dennoch ist der Ausschluss einer körperlichen Ursache des Haarverlusts durch eine hautärztliche Untersuchung erforderlich. Das im Klassifikationssystem ICD10 genannte, bei Erwachsenen häufig zu findende Gefühl wachsender Spannung vor, gefolgt von einem Gefühl von Erleichterung und Befriedigung nach dem Haareausreißen tritt bei Kindern seltener auf bzw. wird von diesen kaum beschrieben. Die in der ICD10 extra genannte Abgrenzung zur ‚stereotypen Bewegungsstörung mit Haarezupfen' ist unscharf definiert und ist eher bei Kindern mit Intelligenzminderung zu finden.

Welche Unterschiede gibt es zur Erkrankung im Erwachsenenalter?
Prinzipiell unterscheidet man heute eine Form mit frühem Beginn (erste Symptome bis zum 6. Lebensjahr) und eine mit spätem Beginn (erste Symptome nach dem 6. Lebensjahr). Während letztere sich in vielen Punkten nicht von der Trichotillomanie im Erwachsenenalter unterscheidet, verläuft die frühe Form meist leichter und zeigt auch ohne Behandlung eine günstige Prognose. Allgemein ist aufgrund der reduzierten Selbstwahrnehmungs- und Steuerungsfähigkeit die Fähigkeit zur Beschreibung der Symptomatik sowie Mitarbeit bei Therapieprogrammen in jüngeren Jahren geringer.

Welche möglichen Ursachen bzw. neurobiologischen Veränderungen gibt es bei der Trichotillomanie?
Leider liegen hierzu noch zu wenige Studien vor, um von gesicherten Erkenntnissen sprechen bzw. eine Antwort geben zu können. Eine Erhöhung der Auftretens-

wahrscheinlichkeit einer Trichotillomanie beim Einzelnen wird beim Vorhandensein bestimmter Gene immer wieder vermutet. Die positiven Effekte bestimmter Medikamente (siehe unten) lassen auf Veränderungen im Stoffwechsel des Gehirns rückschließen. Auch konnten Veränderungen bestimmter Hirnregionen bezüglich Größe und Funktion gezeigt werden.

Wann ist eine Therapie sinnvoll und an welchen Arzt / Einrichtung kann ich mich wenden?
Eine Therapie ist vor allem beim Auftreten der Symptomatik nach dem 6. Lebensjahr und bei psychosozialer Beeinträchtigung (z. B. sozialem Rückzugsverhalten) anzuraten. Eine fachliche Diagnostik und Aufklärung/Beratung kann aber schon vorher stattfinden. Ab welcher Dauer (z. B. nach 1 Monat) des Haareausreißens einer Behandlung der Vorzug vor weiterem Abwarten gegeben werden soll, ist nicht untersucht.
Prinzipiell ist ein Facharzt für Kinder- und Jugendpsychiatrie bzw. eine entsprechende Klinik der erste Ansprechpartner. Bei unzureichendem Therapieerfolg sollten über die Infostelle Trichotillomanie Hamburg Informationen zu spezialisierten Behandlungsangeboten eingeholt werden.

Sollte mein Kind eher ambulant oder stationär behandelt werden?
Bis auf wenige Extremfälle ist zuerst ein ambulanter Therapieversuch angezeigt. Sollte dieser in einem (am besten von allen Beteiligten) definierten Zeitraum (etwa 6 Monate) zu keiner ausreichenden Besserung führen bzw. es gar zu einer Verschlechterung der Symptomatik kommen, ist an eine stationäre Behandlung zu denken.

Wie läuft eine Psychotherapie ab?
Was sind die wichtigsten Therapieinhalte?
Zuerst erfolgt eine ausführliche Erhebung der bisherigen sowie der jetzigen Situation anhand von Selbst- und Fremdbeobachtungsbögen sowie im Gespräch mit dem Therapeuten. Dabei wird u. a. besonderes Augenmerk auf auslösende Reize und Situationen sowie die dabei vorherrschenden Gefühle, wie z. B. Anspannung, vor, während und nach dem Haareausreißen gerichtet. Des Weiteren werden Hinweise auf begleitende Probleme wie depressive Verstimmung, Ängstlichkeit usw. zusammengetragen. Anhand einer sog. funktionalen Verhaltensanalyse und Zielfestlegungen werden Ansatzpunkte für einzelne Behandlungsbausteine festgelegt. Aufgrund des sehr unterschiedlichen individuellen Erkrankungsverlaufs, persönlichen Umfelds, familiären Situation usw. sind individuell abgestimmte Kombinationen von Therapiebausteinen sinnvoll.
Allgemein konnte gezeigt werden, dass besonders bei Kindern die erfolgreiche Behandlung von begleitenden Verhaltensauffälligkeiten wie z. B. exzessivem Nägel-

kauen auch zur Reduktion des Haareausreißens führt. Als Faustregel kann gelten, dass je jünger das Kind ist, desto mehr muss von außen steuernd eingegriffen werden. Neben der direkten Bearbeitung des Haareausreißen ist auch die Behandlung möglicher mitursächlicher Faktoren wie z. B. vermehrter Ängstlichkeit sinnvoll. Hierbei sind dem Alter des Kindes angepasste verhaltenstherapeutische Verfahrensweisen zu wählen.

In wieweit werden die Eltern in die Therapie mit einbezogen?
Besonders bei jüngeren Patienten ist eine regelmäßige Einbeziehung wichtiger Bezugspersonen in die psychotherapeutische Behandlung notwendig, um den Eltern das Verständnis der Symptomatik und den Umgang damit zu erleichtern und allgemein eine Verbesserung der Beziehungen der Familienmitglieder untereinander zu erreichen. Denn nicht selten reagieren Kinder auf Streit und Schwierigkeiten in der Familie mit erhöhter innerer Anspannung, die auch zu Haareausreißen führen kann. Daneben ist es auch notwendig, dass die Eltern durch Veränderung bestimmter Abläufe des Alltags und ihres Kontaktes zum Kind für eine positive Veränderung sorgen.

Werden auch bei Kindern Medikamente eingesetzt?
Welche Wirkung haben die Medikamente und wie lange muss mein Kind diese einnehmen? Helfen auch homöopathische Mittel bei Kindern?
Bis heute sind keine „harten" Daten zur Wirksamkeit von Medikamenten bei Kindern mit Trichotillomanie vorhanden. Die Veröffentlichungen zur Behandlung von Einzelfällen deuten allerdings an, dass besonders die Behandlung mit sogenannten Serotonin-Wiederaufnahme-Hemmern (SSRI) einen positiven Effekt vor allem in Kombination mit verhaltenstherapeutischen Verfahren zeigen. Das Verhältnis von Wirkung und den seltenen bzw. gering und meist nur vorübergehend zu beobachtenden Nebenwirkungen legt bei unzureichendem Behandlungserfolg rein psychotherapeutischer Maßnahmen einen kombinierten Einsatz nahe. Aussagen zur optimalen Behandlungsdauer mit Medikamenten sind nicht möglich. Im klinischen Alltag hat sich – bei guter Verträglichkeit – eine Einnahme von mindestens 6 Monaten als sinnvoll erwiesen. Ein Hinweis auf die Wirksamkeit homöopathischer Mittel konnte bisher nicht gefunden werden.

Wie lange dauert in der Regel die Therapie?
Aufgrund der unterschiedlichen Ausprägung in Schwere der Symptomatik und der häufig zu beobachtenden begleitenden emotionalen Schwierigkeiten ist eine pauschale Aussage schwer möglich. Besonders bei Jugendlichen besteht die Gefahr einer Chronifizierung. Als sehr allgemeine Anhaltspunkte können gelten: ambulante Therapie mit mehr als einem Termin pro Monat etwa 6 – 18 Monate; stationäre Behandlung etwa 3 – 6 Monate mit anschließender ambulanter Nachsorge.

Was kann ich tun, wenn mein Kind Rückfälle hat?
Bei der Trichotillomanie mit Beginn nach dem 6. Lebensjahr sind Rückfälle leider keine Seltenheit. Es sollte daher schon bei Beendigung der Therapie genau festgelegt werden, bei welcher Häufigkeit und Stärke eines wieder aufgetretenen Haareausreißens eine erneute Behandlung mit Verhaltenstherapie und/oder Medikamenten notwendig wird. Es scheint, dass eine frühzeitige Wiederaufnahme der Behandlung zu einer besseren Prognose führt.

Aussichten: Was müsste Ihrer Meinung nach noch für die Erkrankung Trichotillomanie und die Patienten getan werden?
Neben weiterer Anstrengungen bei der Information von Ärzten, Psychologen, Kinder- und Jugendlichenpsychotherapeuten und Lehrern zur Trichotillomanie sollte vordringlich eine Netzwerk orientierte Erforschung der Erkrankung unterstützt werden. So ist die Zuordnung zu den Zwangsstörungen oder den Störungen der Impulskontrolle noch ungeklärt; ebenso wie die Frage, ob Trichotillomanie eher als ein Symptom am Ende einer Strecke von vielen unterschiedlichen Ursachen und Einflussfaktoren oder als eine eigenständige Erkrankung mit immer gleicher Ursache und Krankheitsentstehung zu sehen ist.

Trichotillomanie bei Kindern und Jugendlichen –
Tipps für Betroffene und ihre Eltern

von Hildegard Goletz

Wie häufig ist Trichotillomanie bei Kindern und Jugendlichen?

Die Häufigkeit von Trichotillomanie bei Kindern und Jugendlichen wird in der Allgemeinbevölkerung mit 0.05 bis 1 % angegeben. Dabei ist jedoch zu berücksichtigen, dass trotz einer zunehmenden Anzahl von Studien zu Trichotillomanie im Kindes- und Jugendalter die tatsächliche Häufigkeit unklar bleibt.

Welche Körperregionen sind betroffen?
Das Ausreißen der Haare kann in allen behaarten Körperregionen erfolgen, am häufigsten sind bei Kindern (wie auch bei Erwachsenen) die Kopfbehaarung, Augenbrauen bzw. Wimpern und Kombinationen daraus betroffen. Kleinkinder können auch die Haare ihrer Mütter zwirbeln oder ausreißen. Des Weiteren wird berichtet, dass einige Kinder die Haare von Puppen, Stofftieren oder Haustieren ausreißen.

Was sind häufige Begleiterscheinungen von Trichotillomanie bei Kindern und Jugendlichen?
Trichotillomanie beeinträchtigt Kinder und Jugendliche besonders in ihren sozialen Kontakten, insbesondere dann, wenn sie von anderen Kindern gehänselt oder verspottet werden. So vermeiden Kinder und Jugendliche, die unter Trichotillomanie leiden, teilweise Situationen, in denen der Haarverlust „enthüllt" wird (z. B. Schwimmen, Tanzen, andere sportliche Aktivitäten, öffentliche Plätze).

Auch in der Familie kann es zu Beeinträchtigungen kommen, insbesondere dann, wenn die Familienmitglieder mit Unverständnis und Verärgerung reagieren. Überdies zeigen sich häufig andere Probleme, besonders Ängste, Unsicherheiten, Scham, Traurigkeit, Niedergeschlagenheit, Unglücklichsein, Schuldgefühle und mangelndes Selbstwertgefühl. Nägelkauen, Hautaufkratzen, an der Kleidung zupfen, Daumenlutschen, Knöchelknacken sowie Nasebohren können mit Trichotillomanie einhergehen. Des Weiteren können auch Angststörungen, Zwangsstörungen, Ticstörungen (unwillkürliche Muskelzuckungen oder Lautäußerungen) depressive Störungen, Aufmerksamkeitsdefizit-/Hyperaktivitätsstörungen, reaktive Bindungsstörung des Kindesalters, tiefgreifende Entwicklungsstörungen bzw. geistige Behinderung auftreten.

Einige Kinder und Jugendliche mit Trichotillomanie kauen auf ihren ausgezupften Haaren herum oder essen diese. Das Essen von Haaren (Trichophagie) kann bei größeren Mengen zur Bildung von Haarknäueln (Trichobezoare) im Magen-Darm-Trakt kommen, die insbesondere zu Bauchschmerzen, Übelkeit, Erbrechen, Verstopfung und Darmperforation führen können, und gegebenenfalls operativ entfernt werden müssen.

Wann beginnt Trichotillomanie bei Kindern und Jugendlichen?
Der durchschnittliche Beginn von Trichotillomanie liegt im Alter von 9 bis 13 Jahren. Trichotillomanie kann jedoch auch bereits im frühen Kindesalter auftreten (sogenannte „Baby Trich").
Während im späteren Kindes- und Jugendalter deutlich häufiger Mädchen (ca. 80 %) als Jungen betroffen sind, scheinen im Vorschulalter Jungen und Mädchen gleichermaßen darunter zu leiden.

Von welchen anderen Erkrankungen ist Trichotillomanie im Kindes- und Jugendalter abzugrenzen?
Trichotillomanie bei Kindern und Jugendlichen ist besonders von verschiedenen Haarerkrankungen abzugrenzen, insbesondere von
- kreisrundem Haarausfall (entzündliche Haarausfallerkrankung, Alopecia areata),
- Haarausfall nach Unfällen oder Verletzungen (Alopecia traumatica),
- Pilzinfektionen des behaarten Kopfes (Tinea capitis).

Wie ist der Verlauf von Trichotillomanie?
Die frühkindliche Trichotillomanie (bis zum Alter von 6 Jahren; einschließlich Vorschulalter) wird als eine prognostisch günstigere und zeitbegrenzte Störung beschrieben, die von einigen Wochen bis zu einigen Monaten anhält. Es ist unwahrscheinlich, dass Kinder in diesem Alter eine zunehmende Spannung (Kriterium B der Klassifikationskriterien für Trichotillomanie nach DSM-IV: Diagnostisches

und Statistisches Manual Psychischer Störungen) und ein Gefühl der Entspannung bzw. Befriedigung (Kriterium C der Klassifikationskriterien nach DSM-IV) im Zusammenhang mit dem Haareausreißen ausdrücken. Das frühkindliche zwanghafte Haareausreißen muss nicht notwendigerweise zu einer späteren chronischen Trichotillomanie führen. Möglicherweise stellt zwanghaftes Haareausreißen im frühen Kindesalter eine völlig andere Störung dar als im späteren Alter.

Der Verlauf der Trichotillomanie im Kindes- (ab dem Alter von 6 Jahren; Schulalter) bzw. Jugendalter kann sowohl jahrelang beständig sein als auch sich mit symptomfreien Zeiträumen von mehreren Monaten abwechseln oder auch saisonal schwanken (z. B. Verminderung der Symptomatik im Sommer). Es wird angenommen, dass die Störungsdauer, das Vorliegen weiterer psychischer Störungen sowie die Bereitschaft des Kindes/Jugendlichen und seiner Familie, sich auf die Therapie einzulassen, die Prognose beeinflusst. An diesbezüglichen Langzeitstudien mangelt es jedoch bislang.

Welche Erklärungsmodelle liegen vor?

Für die Entstehung von Trichotillomanie liegt bislang keine umfassende Erklärung vor. Trichotillomanie erscheint als komplexe Störung, die möglicherweise aus dem Zusammenwirken verschiedener Faktoren resultiert.

Es wird vermutet, dass Trichotillomanie eine biologisch bedingte Störung darstellt, bei der eine Veränderung des Stoffwechsels im Gehirn vorliegt. Dabei scheint ein Ungleichgewicht zentralnervöser Überträgerstoffe (Serotonin, Dopamin) in bestimmten Hirnregionen (z. B. Basalganglien) wesentlich zu sein.

Einige Kinder scheinen Symptome des Haareausreißens im zeitlichen Zusammenhang mit Streptokokkeninfektionen zu entwickeln. Dabei lassen die Trichotillomanie-Symptome mit Abklingen der Infektion ebenfalls nach.

Möglicherweise stellt das Haareausreißen den Versuch eines Individuums dar, den inneren Zustand eines sensorischen Ungleichgewichts (Überstimulierung infolge von Stress oder positiver bzw. negativer Aufregung; Unterstimulierung bedingt durch Langeweile oder Inaktivität) zu regulieren.

Viele Kinder und Jugendliche mit Trichotillomanie beschreiben spezifische Stressereignisse (z. B. Geburt oder Tod eines Geschwisterkindes, eigener Krankenhausaufenthalt oder der der Eltern, Beziehungsprobleme der Eltern, Trennung von den oder der Eltern, Schulschwierigkeiten, strenge Sauberkeitserziehung, Strenge der Eltern oder Lehrer, Überbehütung, Beginn der Pubertät) als auslösend für das Haareausreißen. Wahrscheinlich tragen Stressereignisse dazu bei, dass die Motivation des Kindes oder Jugendlichen, dem Drang zum Haareausreißen zu widerstehen, vermindert wird.

Spezifische negative Gedanken (z. B. negative Überzeugungen über das eigene Aussehen, schambezogene Gedanken; Gedanken über negative Bewertung durch andere), spezifische Gefühle (z. B. Angst, Gefühl der Anspannung, Einsamkeit, Erschöpfung, Schuld, Wut, Unentschlossenheit, Traurigkeit, Frustration, Aufregung) sowie auch spezifische Merkmale des Haares (z. B. Haarspliss) können eine Episode des Haaresausreißens auslösen. Taktile Empfindungen, wie z. B. das Gleiten der Haare durch die Finger, oder angenehme Gefühle durch die Handlung des Haareauszupfens verstärken dieses positiv und halten es aufrecht. Negative Verstärkung erhält das Haareausreißen durch den mit der Handlung häufig zusammenhängenden Abbau unangenehmer Gefühle, wie z. B. Angst, Langeweile, Trauer und Wut. Das durch das Auszupfen ebenfalls mögliche Ansteigen unangenehmer Gefühle kann widerum weitere Episoden des Haareausreißens nach sich ziehen.

Welche Behandlungsansätze sind zu empfehlen?

Zur Behandlung der Trichotillomanie im Kindes- und Jugendalter liegt eine Vielzahl von Behandlungsmöglichkeiten vor. Es mangelt bislang an kontrollierten Studien zur Wirksamkeitsuntersuchung psychotherapeutischer und pharmakologischer Behandlungsansätze. Empfohlen werden verhaltenstherapeutische Interventionen, die gegebenenfalls mit einer pharmakologischen Behandlung kombiniert werden können. Die multimodale verhaltenstherapeutische Behandlung der Trichotillomanie umfasst insbesondere

- Psychoedukation (Vermittlung von Informationen über das Störungsbild an die Familie sowie Erarbeitung eines Störungs- und Interventionskonzeptes),
- Anleitung der Eltern zu ergänzender körperlicher Stimulation des (Klein-) Kindes (z. B. Streicheln, Bürsten oder Massieren des Kopfes des Kindes),
- Selbstbeobachtung bzw. (bei jüngeren Kindern) Beobachtung durch die Eltern zur Erfassung des Auftretens des Haareausreißens und/oder der ständigen Impulse zum Haareausreißen sowie der damit verbundenen Gedanken, Gefühle und Verhaltensweisen (auch als Auslösebedingungen),
- Anleitung des Kindes bzw. (bei jüngeren Kindern) der Eltern in den Zeiten des Tages, in denen ein erhöhtes Risiko für das Haareauszupfen besteht, zur Durchführung alternativer Verhaltensweisen, die mit dem Auszupfen schwer vereinbar sind (z. B. Einsatz von tastbaren Gegenständen oder Spielsachen für die Hand oder Durchführung von Fingerspielen), gegebenenfalls bei älteren Kindern unter Einsatz von Verstärkern (wie z. B. Lob, Süßigkeiten),
- Interventionen in der Familie (Herausarbeiten und Veränderung der Faktoren in der Familie, die die Trichotillomanie des Kindes (mit-)bedingen und aufrechterhalten (z. B. elterliche Erziehungspraktiken, dysfunktionale Kommunikationsmuster, Familienkonflikte),
- Kognitive Interventionen (Hinterfragen und Ersetzen dysfunktionaler Gedanken (z. B. „Ich schaffe es nie.") durch angemessenere Gedanken.

Darüber hinaus werden (in Abhängigkeit von dem jeweiligen Störungskonzept) weitere therapeutische Interventionen eingesetzt, wie z. B. zur Steigerung des Selbstwertgefühls, zur Förderung der emotionalen Wahrnehmungs- und Ausdrucksfähigkeit, Training der sozialen Kompetenz (z. B. veränderter Umgang mit Konflikten), Stressbewältigungsstrategien sowie Angstbewältigungsstrategien.
Bei der psychotherapeutischen Arbeit ist das Alter des Kindes zu berücksichtigen. Je jünger das Kind ist, desto mehr elternzentrierte Interventionen werden angewendet.Bei älteren Kindern mit einer schweren chronischen Trichotillomanie kann die Verhaltenstherapie mit einer pharmakologischen Behandlung (sogenannte „Antidepressiva", z. B. Clomipramin (Handelsname Anafranil)) kombiniert werden.

Leitlinien für Eltern

Es ist nur begrenzt möglich, Ihnen Empfehlungen dafür zu geben, wie Sie sich als Eltern verhalten können. Betrachten Sie daher bitte nachfolgende Anregungen lediglich als erste Orientierungshilfe.

Das Haareausreißen kann bei einem Kind durchaus erkennbar oder – besonders zu Beginn – weniger ersichtlich sein. Einige Arten des Haareausreißens können automatisch und in einem fast tranceähnlichen Zustand mit wenig Bewusstsein erfolgen. Wenn sie Ihr Kind beim Haareausreißen beobachten, Sie plötzlich kahle Stellen oder Stellen mit dünnem Haar auf dem Kopf oder teilweise fehlende oder ausgedünnte Augenbrauenpartien bzw. Wimpern feststellen, dann betrachten Sie dies als Problematik Ihres Kindes, die von Fachleuten (Kinderarzt, Dermatologe, Kinder- und Jugendpsychiater oder -psychotherapeut) diagnostisch untersucht und (gegebenenfalls) behandelt werden muss. Weitere Hinweise für das Haareausreißen können rote und geschwollene Augenlider, Röte um die Augenbrauen, langes Verweilen vor dem Spiegel bzw. im Badezimmer, das Herumliegen von Haaren und das häufige Berühren sowie Zwirbeln des Haares oder Spielen mit dem Haar durch Ihr Kind darstellen. Ansichten, wie z. B. „Das ist nur eine schlechte Angewohnheit, die mein Kind nur lassen muss." „Mein Kind muss das alleine hinkriegen. Dazu braucht es nur genug eigene Willenskraft" oder „Wir müssen das alleine schaffen", helfen nicht weiter, sondern bewirken oder verstärken sogar mögliche Schuldgefühle des Kindes („Ich habe versagt, wenn ich es nicht alleine schaffe.") oder von Ihnen („Wir haben alles falsch gemacht und finden jetzt auch keine Lösung.").
Informieren Sie sich ausführlich über Trichotillomanie. Die Infostelle Trichotillomanie oder auch entsprechende Literatur (siehe Anhang) können dazu eine Hilfestellung darstellen.

Frühkindliches Haareausreißen:

In diesem Alter hält das Haareausreißen meist lediglich einige Monate an und klingt dann wieder ab. Dennoch empfiehlt es sich, als Eltern eines Kleinkindes, bei dem Sie Haarverlust feststellen, Ihren Kinderarzt oder einen Hautarzt aufzusuchen, um andere Erkrankungen wie z. B kreisrunden Haarausfall, Pilzinfektionen oder auch Schilddrüsenerkrankungen auszuschließen. Das Haareausreißen bei Kleinkindern stellt möglicherweise Teil einer normalen Körperexploration und Selbstentdeckung (Berühren, Streicheln, Zwirbeln, Ziehen des Haares) dar. Es wird auch angenommen, dass Kleinkinder, die sich die Haare ausreißen, zusätzliche körperliche Stimulation brauchen. Sie setzen das Haareausreißen anscheinend als selbstberuhigendes Verhalten ein. Einige Säuglinge bzw. Kleinkinder ziehen Haare im Schlaf aus. Als Eltern können Sie Ihrem Kind durch verschiedene nachfolgend aufgeführte Verhaltensweisen, die Sie einzeln oder auch zusammen anwenden können, zu positiver Stimulation verhelfen (in Anlehnung an Golomb, 1994 im Rahmen eines Vortrags), indem Sie

- Ihr Kind streicheln (insbesondere auch auf dem Kopf),
- Ihrem Kind mit einer weichen Babybürste mehrmals am Tag die Haare bürsten oder mit der Bürste über andere Körperteile streichen,
- Ihrem Kind den Rücken massieren,
- die Zeiten eines Tages, zu denen Ihr Kind sich Haare ausreißt, genau beobachten und Ihr Kind (möglichst zu dieser Zeit)
- spielerisch ablenken oder
- es baden und dabei mit den Seifenblasen oder Schwimmtieren spielen und Ihr Kind damit berühren (Aufmerksamkeitslenkung auf andere Körperteile) oder
- Ihrem Kind Spielsachen oder Gegenstände (mit ansprechenden Oberflächen) für die Hand geben, wenn es z. B. vor dem Einschlafen zur Ruhe kommen soll.

Haareausreißen von Kindern ab dem Schulalter:
Befindet sich Ihr unter Trichotillomanie leidendes Kind im Grundschulalter, dann können sportliche, aber auch andere Aktivitäten hilfreich sein. Ebenso können interessante Gegenstände als Ersatz fungieren, um die für das Haareausreißen risikoreichen Situationen zu bewältigen (z. B. beim Aufwachen, morgens vor dem Kleiderschrank, bei den Hausaufgaben, beim Lesen, beim Fernsehen, beim Autofahren, vor dem Einschlafen).
Für Jugendliche mit Trichotillomanie ist das Verständnis der Eltern ganz wichtig. Jugendliche lehnen möglicherweise die Einbeziehung der Eltern in die Behandlung ab, insbesondere dann, wenn sie die elterlichen Erwartungen als übertrieben erleben oder wenn sie die Eltern als kontrollierend bzw. kritisch wahrnehmen. Bieten Sie Ihrem Kind Ihre Unterstützung an oder ziehen Sie sich gegebenenfalls etwas zurück.

Aufgrund von Angst, Scham oder Peinlichkeit versuchen Kinder oder Jugendliche mit Trichotillomanie Ihre Symptomatik so lange wie möglich vor anderen zu verbergen. Wenn Ihr Kind sich nicht traut, mit Ihnen darüber zu reden, dann sprechen Sie Ihr Kind darauf an. Bemühen Sie sich, Ihrem Kind zuzuhören und zeigen Sie ihm Ihre bedingungslose Akzeptanz. Sagen Sie Ihrem Kind, dass viele andere Menschen auch darunter leiden.

Besprechen Sie mit Ihrem Kind, ob und gegebenenfalls was andere erfahren sollen. Wenn Ihr Kind möchte, dass andere in seine Trichotillomanie eingeweiht werden, reicht im Allgemeinen eine kurze Erklärung, wie z. B. „Mein Kind hat ein Problem des Haareausreißens und wir bekommen darin Unterstützung" aus. Möchte Ihr Kind dies nicht, dann ist eine sinnvolle alternative Begründung häufig wichtig (z. B. allergische Probleme, Hautprobleme).

- Hohe Anforderungen und Ansprüche an das Kind („besonders gut sein zu müssen und alles zu schaffen") können dazu beitragen, dass die Trichotillomanie Ihres Kindes aufrechterhalten wird. Gestehen Sie Ihrem Kind Schwächen zu.
- Wenn Sie selbst unter Trichotillomanie leiden, helfen Sie Ihrem Kind am meisten dadurch, dass Sie sich selbst in eine Behandlung begeben.
- Die Bewältigung der Trichotillomanie Ihres Kindes erfordert eine psychotherapeutische Behandlung. Für Sie als Eltern ist Geduld wichtig. Loben Sie Ihr Kind für jeden Fortschritt, den es in der Bewältigung seiner Trichotillomanie macht. Da die Trichotillomanie in ihrer Häufigkeit und Stärke schwanken kann, zeigen Sie Verständnis für Rückfälle und bestärken Sie Ihr Kind in seinen Bewältigungsbemühungen.

Empfehlungen für Jugendliche
Berücksichtige bitte, dass diese Anregungen nur eine erste Orientierungshilfe für Dich darstellen können.

- Informiere Dich über Trichotillomanie (z. B. mittels entsprechender Internetseiten, der Infostelle Trichotillomanie oder entsprechender Literatur; siehe Anhang).
- Falls Deine Eltern nichts von Deiner Problematik wissen, vertraue Dich ihnen an und suche gemeinsam mit ihnen entsprechende Fachleute auf (Kinder- oder Hausarzt, einen Dermatologen, einen Kinder- und Jugendpsychiater oder -psychotherapeuten). (Falls Du Dich Deinen Eltern keineswegs anvertrauen willst, dann suche alleine die Hilfe von Fachleuten).

Tipps für Angehörige

von Wolf Hartmann

Angehörige von kranken Menschen leiden anders als der Erkrankte selber. Sie machen sich Sorgen, diese Sorgen führen zu einem eigenem Leidesdruck. Grund für dieses Leid ist oft die Rat- und Hilflosigkeit der Angehörigen. Deshalb möchte ich in diesem Kapitel Tipps geben, wie Sie Wege finden, dem Erkrankten zu helfen und selber nicht allzu sehr leiden.

Mein Angehöriger reißt sich die Haare aus, wie soll ich mich verhalten?
Wenn Ihr Angehöriger sich die Haare ausreißt, macht er dies nicht, um Sie zu ärgern. Das Haareausreißen ist ein Verhalten, um innere Anspannung oder negative Gefühle zu bewältigen. Um dies verstehen zu können, sollten Sie sich über Trichotillomanie, deren Erscheinungsformen, Ursachen und Behandlungsmöglichkeiten informieren. Denn nur wenn Sie wissen, was die Trichotillomanie ausmacht und welche Möglichkeiten der Bewältigung es gibt, können Sie helfen. Eine gute Grundlage zur Information bieten die übrigen Kapitel dieses Buches. Für weiter gehende Fragen steht die Infostelle von Antonia Peters (siehe Anhang) zur Verfügung.
Nachdem Sie sich informiert haben, sollten Sie Ihren Angehörigen auf sein Verhalten behutsam ansprechen: „Ich mache mir Sorgen ...". Sie sollten Ihren Angehörigen ermuntern, sich zu informieren, ihm erklären, dass es Hilfe bei Trichotillomanie gibt und anbieten, ihn bei der Suche nach einem Therapeuten zu unterstützen. Danach ist es ratsam, die Sache zunächst auf sich beruhen zu lassen und die Reaktion abzuwarten.

Wichtig: Für Betroffene ist es eine große Hilfe, wenn die Erkrankung zu Hause keine Belastung darstellt. Sich in der Öffentlichkeit mit kahlen Stellen behaupten zu müssen, ist schon Herausforderung genug. Die Familie sollte ein Ort des „Friedens" sein, in dem er unbelastet leben kann.

Bin ich schuld an der Erkrankung?
Egal ob Sie sich als Eltern, Partner, Freund oder Kollege diese Frage stellen, die Antwort lautet „Nein". Das Haareausreißen dient in aller Regel dem Abbau von Spannungen, die im Alltag nun mal entstehen und mit denen der Betroffene zur Zeit nicht anders umgehen kann. Auslöser einer Trichotillomanie kann jede seelische Belastung sein. Seelische Belastungen begegnen jedem Menschen im Laufe des Lebens. Die meisten Menschen verkraften diese ohne große Probleme. Einige Menschen reagieren auf Belastungen aber empfindsamer und sind für psychische Erkrankungen und auch Süchte empfänglich. So kann es dazu kommen, dass ein in einer Stresssituation ausgerissenes Haar als entspannend empfunden wird, sich diese Reaktion verselbständigt und so im Laufe der Zeit eine Trichotillomanie entsteht. Es gibt also keine Schuldigen, weil Belastungen nun mal zum Leben dazugehören.

Wie soll ich reagieren, wenn mein Angehöriger ein Gespräch verweigert?
Einen Betroffenen in einem Gespräch zu bedrängen, nun endlich etwas gegen sein Verhalten zu tun, führt zu nichts. Fühlt sich ein Betroffener genötigt, z. B. eine Therapie zu machen, wird diese aller Voraussicht nach nicht erfolgreich sein. Eine Therapie „unter Zwang" kann eine Trotzreaktion hervorrufen, die die Erfolgschancen mindert. Wichtig ist, dem Betroffenen Zeit zu geben, selbst das Problem zu erkennen und eine Bewältigung anzugehen. Von Seite der Angehörigen ist es wichtig, Hilfe bei der Suche nach einem erfahrenen Therapeuten anzubieten. Der Betroffene sollte dann erkennen, wie er Hilfe erhalten kann. Alles weitere muss der Betroffene selber entscheiden.

Wie kann ich meinen Angehörigen davon überzeugen, eine Therapie zu beginnen?
Beispiele von Menschen, die es geschafft haben, das Haareausreißen zu bewältigen, sind eine gute Motivation, sich selber einer Therapie zu stellen.
Kontakte zu anderen Betroffenen lassen sich über das Internet leicht herstellen. In den Foren der Internetseiten zur Trichotillomanie (siehe Anhang) sind Betroffene aktiv, die es geschafft haben, die auf dem Weg der Bewältigung sind und auch solche, die noch ganz am Anfang stehen. Worte eines Leidensgenossen, der es geschafft hat, helfen manchmal wahre Wunder. „Früher habe ich mir die Haare ausgerissen, heute habe ich wieder volles eigenes Haar" oder „Ich habe gelernt, mit meinen Empfindungen umzugehen, ohne mir die Haare auszureißen, und es geht mir viel besser als früher", sind eine gute Motivation, sich selbst dem Wagnis einer Therapie zu stellen.
Wenn es in Ihrer Region eine aktive Selbsthilfegruppe gibt, kann der Kontakt zu den Mitgliedern dieser Gruppe die Motivation noch stärker fördern, als dies bei einem Austausch über das Internet möglich ist. Vielleicht ist es für den Betroffe-

nen eine Hilfe, wenn Sie ihn beim ersten Mal zum Gruppentreffen begleiten, um eine mögliche Angst vor der Gruppe abzumildern.
Also, helfen Sie, Kontakte zu anderen Betroffenen zu knüpfen.

Wo bekomme ich als Angehöriger Hilfe?

Selbsthilfegruppen für Angehörige von Betroffenen der Trichotillomanie gibt es leider nicht. Für den Austausch unter Angehörigen werden aber die Foren im Internet hilfreich sein können. Sie finden dort Kontakt zu anderen Angehörigen und können sich über den Umgang mit der Erkrankung austauschen. Darüber hinaus steht die Infostelle von Antonia Peters auch Angehörigen gerne beratend zur Seite.

Was kann ich für mich tun?

Es wird Ihnen sehr helfen, sich nicht nur auf Ihren erkrankten Angehörigen zu konzentrieren, sondern das Familienleben wie gewohnt zu pflegen und z. B. Freunde zu treffen. Lassen Sie sich nicht von der Erkrankung auffressen. Je besser Ihnen dies gelingt und je entspannter es zu Hause zugeht, um so besser ist es auch für den Erkrankten.

Was müsste noch für die Betroffenen der Trichotillomanie und deren Angehörige getan werden?

Ganz wichtig wäre, psychische Erkrankungen als normale Erkrankungen anzusehen. Leider ist es in der Gesellschaft immer noch weit verbreitet, Menschen mit psychischen Erkrankungen mit einem „schiefen" Blick zu betrachten und den Betroffenen ein Stigma anzuhängen. Dabei sind psychische Erkrankungen, auch aufgrund des Leistungsdrucks in der Gesellschaft, sehr häufig. Es ist höchste Zeit, die Grippe, den Knochenbruch und psychische Erkrankungen auf gleiche Weise zu betrachten. Betroffene können nichts für ihre Erkrankung, egal ob es die Grippe, ein Knochenbruch oder die Trichotillomanie ist.

Für die Angehörigen wäre es mehr als wünschenswert, sie und ihre Leiden im Gesundheitswesen zu berücksichtigen. Bislang kommen Angehörige bei der Therapie von Betroffenen nur ganz am Rande vor. Eigene Angebote, die helfen, mit den besonderen Problemen von Angehörigen fertig zu werden, fehlen in der Medizin völlig. Dieser Zustand ist so eigentlich nicht hinnehmbar.

Selbsthilfegruppen – eine wichtige Unterstützung

von Antonia Peters

Was ist eine Selbsthilfegruppe?
Selbsthilfegruppen sind heute ein unverzichtbarer Teil unseres Gesundheitssystems. In einer Selbsthilfegruppe schließen sich Menschen zusammen, die an der gleichen Erkrankung leiden oder das gleiche Problem haben, um sich gegenseitig bei der Bewältigung zu unterstützen. Das Wort unterstützen ist Kerngedanke der Selbsthilfegruppen. Selbsthilfegruppen sind also eine Ergänzung zur Therapie der Trichotillomanie und können eine professionelle Therapie nicht ersetzen.
Die Grundgedanken von Selbsthilfegruppen lassen sich mit diesen Schlagworten zusammenfassen *(Quelle: NAKOS)*:

- Suchen und Finden von Gleichgesinnten
- Einsamkeit überwinden
- Lebenssituation verbessern
- Beziehungen aufbauen und vertiefen
- Schwierigkeiten zusammen meistern
- Teilnehmen und verstehen
- Handeln in eigener Sache
- Information geben
- Lösungen entwickeln
- Fördern und fordern
- Erkenntnisse weitergeben
- Gleichberechtigt miteinander umgehen
- Regelmäßige Treffen
- Unterstützung und Beratung
- Probleme selbst in den Griff bekommen
- Persönlichkeit stärken
- Erfahrungen austauschen
- Neue Kontakte und Kooperationspartner

Die Teilnahme an einer Selbsthilfegruppe ist immer freiwillig und kostenlos. Welche Regeln und Ziele eine Selbsthilfegruppe aufstellt, bleibt jeder Gruppe selbst überlassen – dazu später mehr. Die wichtigste Regel lautet aber für alle Gruppen: Alles, was in Gruppe besprochen wird, bleibt in der Gruppe und darf nicht nach außen getragen werden.

Was kann eine Selbsthilfegruppe zur Bewältigung der Trichotillomanie beitragen?
Viele Menschen glauben, dass sie die einzigen sind, die an Trichotillomanie leiden. Aus Scham und Angst trauen sie sich oft nicht, in ihren Familien oder im Freundeskreis darüber zu sprechen. Sie fühlen sich häufig allein gelassen und unverstanden, was die Symptomatik oft noch verstärkt.
Die Selbsthilfegruppe ist ein *geschützter* Ort, an dem sich Menschen mit der gleichen Erkrankung treffen, was das Sprechen über die Erkrankung sehr erleichtert. Was eine Selbsthilfegruppe leisten kann, möchte ich am eigenen Beispiel kurz vorstellen:
Vor zehn Jahren, 1997 gründete ich in Hamburg eine Selbsthilfegruppe für Trichotillomanie. Hier traf ich endlich auf Menschen, die mich und meine Erkrankung akzeptierten. Mit Ihnen konnte ich frei über meine Probleme und Ängste reden. Hier wurde ich endlich verstanden. Denn in meinem Umfeld stieß ich häufig auf Unverständnis und Ratlosigkeit.
In unserer Gruppe ist es uns sehr wichtig, dass sich jeder mit einbringt. Jeder hilft nach Lösungen bei unterschiedlichen Problemen zu suchen und lässt die anderen an seinen Erfolgen und Erfahrungen mit teilhaben.
Darüber hinaus finden wir es wichtig, dass auch die persönlichen Kontakte der Gruppenteilnehmer, durch Telefonate oder private Treffen gefördert werden. Damit konnte das Zugehörigkeitsgefühl und das Engagement des Einzelnen deutlich erhöht werden.
Für mich hat auch nach 10 Jahren unsere Selbsthilfegruppe einen hohen Stellenwert. Gibt sie mir doch oft viel Energie, Hoffnung und Selbstvertrauen zurück, wenn es mir mal nicht gut geht.
Meine Selbsthilfegruppe möchte ich nicht missen!
Hauptanliegen von Selbsthilfegruppen ist, sich mit anderen über Erfahrungen und Bewältigungsstrategien auszutauschen, sich gegenseitig zu stützen und zu erleben, dass man mit der Erkrankung nicht alleine ist.
Im Idealfall sind Teilnehmer der Gruppe sowohl therapieerfahrene als auch neue Gruppenmitglieder. So können die „alten Hasen" den Neuen wertvolle Hinweise über therapeutische Möglichkeiten weitergeben. Teilnehmer erfahren so voneinander, dass und wie sie die Erkrankung überwunden haben. Dies gibt den Neuen Mut auf Hilfe, und die erfahrenen Teilnehmer werden immer wieder an die Strategien gegen Trichotillomanie erinnert, was die Abwehrkraft gegen Rückfälle stärkt.

Jeder Teilnehmer kann von den anderen Verständnis und Offenheit erwarten. Er hört, wie andere Betroffene ihr Leben mit der Erkrankung meistern. Das Erlebnis, dass Hilfe zur Selbsthilfe eine Kraft ist, die einen ganz neuen Blickwinkel auf das Leben mit Trichotillomanie ermöglicht, unterstützt zusätzlich das Selbstvertrauen. Die Botschaft „Ich habe es geschafft ..." macht Mut, sich selber den Herausforderungen des Lebens zu stellen. Selbsthilfe ist ein gegenseitiges Geben und Nehmen.

Der geschützte Raum einer Selbsthilfegruppe ist auch ein gutes Übungsfeld, um eine Strategie gegen die Erkrankung nicht nur zu diskutieren, sondern direkt auszuprobieren. Die Einstellung zur eigenen Erkrankung wird sich zum Positiven entwickeln, was die Therapie erleichtert und neuen Lebensmut und Kraft zurückgewinnen hilft. Eine hilfreiche Übung ist beispielsweise der Wechsel der Moderation. So kann sich jedes Gruppenmitglied in der Rolle des Moderators üben und wird erkennen, dass es Fähigkeiten hat, die ihm vorher vielleicht gar nicht bekannt waren.

Wie sollte ein Gruppentreffen gestaltet werden?

Für die Arbeit einer Gruppe ist es hilfreich, wenn die Treffen eine wiederkehrende einheitliche Struktur haben. Dazu gehören diese Regeln:

- *Anfangsblitzlicht:* Jeder Teilnehmer berichtet in wenigen Sätzen, also höchstens 2 Minuten, wie es ihm geht und welche Gefühle, Fragen, Probleme oder Themen ihn heute besonders beschäftigen.
- *Wie geht es weiter?:* Gemeinsame Verständigung auf die Themen des Treffens. Die Diskussion und der Austausch zum Schwerpunktthema ist der zentrale Teil des Treffens. Bei Bedarf können auch bis zum nächsten Treffen Hausaufgaben verabredet werden. Das kann zum Beispiel sein, dass jeder sich überlegt, was Belohnungen für ihn sind und diese dann auch ausprobiert.
- *Inforunde:* Alle aktuellen Themen, wie TV-Termine, Presseveröffentlichungen, Veranstaltungshinweise und ähnliches haben hier ihren Platz.
- *Abschlussblitzlicht:* Am Ende des Treffens berichtet jeder noch mal kurz, wie es ihm jetzt geht, welche Gefühle er jetzt hat, und was er für sich aus den Treffen mitnimmt.

Auch gibt es kleine Hilfsmittel, die für einen konstruktiven Ablauf der Gruppentreffen wichtig sein können. Dazu gehören unter anderem:

- *Sanduhr:* Besonders wichtig für das Anfangs- und Abschlussblitzlicht, um den Redefluss des Einzelnen nicht ausufern zu lassen.
- *Erste-Hilfe-Kasten:* Hier werden Zettel mit Ideen, Strategien gegen die Erkrankung gesammelt. In regelmäßigen Abständen wird der Inhalt gesichtet, besprochen und wenn möglich auch ausprobiert.
- *Gruppenordner:* In diesem Ordner werden über die Jahre, Infos zur Erkrankung, Sitzungsprotokolle, Gruppenregeln, Telefonlisten und ähnliches gesam-

melt. Dieser Ordner ist besonders für neue Teilnehmer wichtig, damit sie sich schneller in die Gruppe einfinden können. Der Ordner wird entweder reihum mit nach Hause genommen oder hat einen festen Platz im Gruppenraum.
- *Gruppenbibliothek:* Die Anschaffung von Fach- und Selbsthilfeliteratur durch die Gruppe spart richtig Geld. Die Bücher können dann von allen Gruppenmitgliedern ausgeliehen und gelesen werden.
- *Telefon- und Mailingliste:* Um den Kontakt untereinander zu fördern, sollte jedes Gruppenmitglied eine Namens- und Telefonliste erhalten.

Abschließend soll nicht unerwähnt bleiben, dass Grundlage einer erfolgreichen Arbeit der Selbsthilfegruppe auch die Gleichberechtigung der Mitglieder und der gegenseitige Respekt ist. Zu diesen Tugenden einer jeden Gruppe zählen diese Stichworte: Pünktlichkeit, Verlässlichkeit, gegenseitiges ausreden lassen.
Einmal im Jahr sollte sich jede Gruppe Zeit nehmen, über die Arbeit zu reflektieren (Gruppen TÜV).

Was kann eine Selbsthilfegruppe sonst noch leisten?
Damit das Thema der eigenen Erkrankung den langjährigen Teilnehmern nicht überdrüssig wird, hat sich der Austausch z. B. über Freizeitgestaltung, Partnerschaft, Belohnungssysteme, Stressbewältigung im Alltag bewährt. Denn Trichotillomanie betrifft unser ganzes Leben, den Alltag, das Berufsleben und die Freizeitgestaltung.
Gesunde Anteile, wie Sport oder Hobbys wieder regelmäßig zu betreiben hilft sehr, dem Zwang zum Haareausreißen Raum zu nehmen. Und weil es gemeinsam mehr Spaß macht, seinen Neigungen nach zu gehen, kann die Einladung einer Yogalehrerin oder eines Psychotherapeuten in die Gruppe auch helfen, den Teufelskreis des Zwangs zu durchbrechen. Gleiches gilt für gemeinsame Feiern, wie Sommerfeste, Weihnachtsfeiern, Kneipenabende oder gemeinsame Ausflüge, die zusätzlich das Zusammengehörigkeitsgefühl der Gruppe stärken. Gemeinsam Spaß und Freude zu erleben, gehört genauso in einer Selbsthilfegruppe dazu, wie im alltäglichen Leben.

Wie lange sollte eine Selbsthilfegruppe besucht werden?
Wie lange eine Gruppe besucht werden sollte, ist individuell und deshalb sehr unterschiedlich. Es gibt Teilnehmer, die kommen nur ein, zwei Mal in die Gruppe. Diese Menschen möchten sich vielleicht nur über Trichotillomanie und Therapiemöglichkeiten informieren oder sich einmal richtig aussprechen. Viele Betroffene bleiben länger! Sie fühlen sich hier sicher und gut aufgehoben. Sie erleben Verständnis, Vertrauen und Ehrlichkeit, die dazu führen kann, dass wieder Zutrauen und Selbstsicherheit für sich selbst gewonnen wird. Auch entwickeln sich im Laufe der Zeit Freundschaften, die über die Gruppentreffen hinaus bestehen bleiben.

Wie verabschiede ich mich von der Gruppe?
Egal wie lange eine Selbsthilfegruppe besucht wurde, sollte man sich von der Gruppe verabschieden. Denn die anderen Teilnehmer haben zugehört, Lösungsvorschläge gemacht, bei unangenehmen Schilderungen Anteil genommen und eine gewisse Beziehung aufgebaut. Die Gruppe wäre sicher enttäuscht, wenn Teilnehmer wortlos die Gruppe verlassen.
Gerade für Betroffene der Trichotillomanie ist es wichtig, unangenehme oder traurige Situationen nicht zu meiden, sondern sie bewusst anzugehen und zu leben. Sehen wir es doch als Übung für uns und die anderen an. Abschiede begegnen uns immer wieder in unserem Alltag!

Können auch Angehörige an den Gruppentreffen teilnehmen?
Es gibt Selbsthilfegruppen, die von vornherein auch für Angehörige offen sind. In anderen Gruppen treffen sich ausschließlich Betroffene. Wie das in der jeweiligen Gruppe gehandhabt wird, sollte man am besten bei der Kontaktperson erfragen. In unserer Hamburger Gruppe entscheiden wir das von Fall zu Fall. So kam mal eine junge Frau zu uns, deren jugendliche Nichte an Trichotillomanie litt. Für sie war der persönliche Austausch mit uns und die Information wichtig, um ihrer Nichte die therapeutischen Möglichkeiten aufzeigen zu können.
Auch kommt immer wieder vor, dass betroffene Personen so verunsichert sind, dass sie ohne eine nahestehende Person niemals in unsere Gruppe gekommen wären. Sie fühlen sich einfach sicherer, wenn der Partner oder ein naher Angehöriger bei den ersten Malen mitgeht. Nach ein paar Treffen sind die Betroffenen aber meistens so gestärkt und selbstsicher, dass sie dann alleine zu unseren Treffen gehen können.
Es gibt auch immer wieder Eltern, die gerne mit ihren betroffenen Kindern in unsere Gruppe kommen möchten. Hier rate ich den Eltern, erst mal alleine in die Gruppe zu kommen, um sich selbst ein Bild machen zu können. Denn für Jugendliche kann es zu heftig sein, wenn sie plötzlich 10 – 15 erwachsenen Betroffenen gegenüber sitzen. Danach können die Eltern entscheiden, ob sie ihr Kind zum nächsten Treffen mitbringen.

Wie bekomme ich Kontakt zu einer Selbsthilfegruppe, wie gründe ich eine Selbsthilfegruppe?
Zur Zeit gibt es 7 Selbsthilfegruppen und 2 Stammtische zur Trichotillomanie in Deutschland. Die Orte und Ansprechpartner finden Sie im Internet oder können bei der Infostelle erfragt werden.
Leider haben sich noch nicht in jeder Region Selbsthilfegruppen gegründet. Deshalb möchte ich jeden Betroffenen, der Kontakt zu anderen sucht, sehr ermuntern, selbst eine Gruppe zu gründen. Hier deshalb ein paar Tipps zur Gründung einer Gruppe:

In den Foren der Webseiten www.trichotillomanie.de und www.trich.de besteht die Möglichkeit, Kontakt zu anderen Betroffenen aufzunehmen.

> *Beispiel: „Ich heiße Kati komme aus Bochum. Ich bin 25 Jahre alt und leide seit meinem 13. Lebensjahr an Trichotillomanie. Gerne würde ich andere Betroffene aus meiner Region kennen lernen und mich mit euch treffen. Meldet euch doch mal bei mir!" Mailadresse ...*

So können erste Kontakte geknüpft werden und die erste Verabredung folgt z. B. in einem Café oder einer Kneipe. Daraus kann ein Stammtisch entstehen. Diese Treffen sind unverbindlich und offen. Wird die Gruppe größer, ist es sinnvoll, einen festen, geschützten Raum zu suchen, indem sich die Gruppe regelmäßig treffen kann.

In jeder größeren Stadt gibt es *Selbsthilfekontaktstellen*, die gerne bereit sind, beim Aufbau einer neuen Selbsthilfegruppe und der Suche nach einem Raum behilflich sind. Auch unterstützen die Kontaktstellen bei der Öffentlichkeitsarbeit und der Suche nach weiteren Teilnehmern. Darüber hinaus werden Fortbildungen angeboten, z. B. wie eine Gruppe gegründet und geleitet wird und wie die Gruppe finanzielle Unterstützung bekommen kann.

Was kann eine Selbsthilfegruppe nicht leisten?

Selbsthilfegruppen wollen kein Ersatz therapeutischer Behandlung durch Fachleute sein, sondern eine notwendige sinnvolle Ergänzung. Mit akuten, schweren Krisen ist die Gruppe überfordert und kann nicht weiterhelfen. In dem Fall wird die Gruppe auf die nächstgelegene psychiatrische Notfallambulanz verweisen müssen. Bei sehr akuter Situation ist es ratsam den Notarzt zu verständigen. Eine ständige Begleitung/Betreuung einzelner Gruppenmitglieder fällt auch nicht in die Zuständigkeit einer Gruppe. Zu Fragen der Betreuung gibt es in jeder größeren Stadt Betreuungsvereine, die diese Hilfen anbieten.

Zusammenfassung

Der Kontakt mit anderen Betroffenen in der Selbsthilfegruppe ist eine wichtige Unterstützung der Therapie. Zu erleben, wie es andere geschafft haben, die Störung zu überwinden, macht Mut, sich selber der Therapie zu stellen. Neben dem Austausch über die Erkrankung und Strategien der Bewältigung, kann die Gruppe helfen, wieder neue Kraft und Lebensmut zu schöpfen.

Allen Teilnehmern einer Selbsthilfegruppe wünsche ich weiterhin hilfreichen Austausch. Allen, die eine Gruppe gründen möchten, wünsche ich viele engagierte Mitstreiter.

Trichotillomanie in der hautärztlichen Versorgung

von Marion Runnebaum

Wie häufig sehen Sie Trichotillomanie Patienten in Ihrer Sprechstunde?
Selten, ca. 1:500 Patienten.

Viele Patienten verheimlichen ihre Erkrankung! Wie erkennen Sie als Ärztin Trichotillomanie? Und wie gehen Sie auf diese Patienten zu?
Trichotillomanie muß von z. B. einer Alopezea areata diffusa (diffuser kreisrunder Haarausfall), Tinea capitis unterschieden werden. Die Klinik plus Untersuchungen wie z. B. das Erstellen eines Trichogramms (Haarwurzeluntersuchung) bestätigen dann den Verdacht. Der Patient muß vorsichtig angesprochen werden, oftmals wird dies vom Patienten gar nicht erkannt.

Meine Kopfhaut ist vom Haare ausreißen entzündet und verkrustet, wie sieht die Erstversorgung aus?
Erklärung, Erläuterung was vor liegt. Der Patient muß wissen, was mit ihm passiert und welche Therapien durchgeführt werden. Ablösen der Krusten mit z. B. Salicylkopfkappen (Salinsylhaltige Präparate), welche über Nacht auf der Kopfhaut belassen werden. Erforderliche Konzentration von mindestens 5 %. Vorsicht bei Salicylatallergie, Olivenölkopfkappen o. ä. Entzündungshemmung, je nach Befund angemessen mit z. B. topischen Steroidlösungen (Kortisonhaltige Präparate). Abklären, ob Infektions- oder Allergiebedingt?

Zusätzlich zur Erkrankung gehen mir die Haare aus.
Was kann ich dagegen tun?
Diagnostik steht vor Therapie. Haarwachstum stimulierende Lösungen wie z. B. Regaine Lösung, Lygal Hair Stimulant, Maxilene, CiMi (R) Extrakt aus der Traubensilberkerze, Plantur 39, Ell crannell oder Panostine Lösung, welche auf die Kopfhaut aufgebracht werden. Die Wahl des entsprechenden Therapeutikums

sollte durch den Hautarzt erfolgen, da die Wirkweise sehr unterschiedlich ist. Auch müssen Hormonstörungen und Mangelerscheinungen, wie auch bedingte mit Vernarbung einhergehende Kopfhautveränderung ausgeschlossen werden.

Meine Kopfhaut juckt und brennt. Ich finde nur Erleichterung im Haare ausreißen? Was kann ich dagegen tun?
Beruhigende Kopfkappen siehe oben, Entspannungsübungen, Ablenkung.

Können meine Haare, bzw. Augenbrauen und Wimpern immer wieder nachwachsen?
Haare können sehr oft nachwachsen, solange es zu keiner Traumatisierung des Haares gekommen ist.

Gibt es spezielle Haarwuchsmittel, die meine Haare schneller wachsen lassen?
Ja es gibt spezielle Haarwuchsmittel, welche die Haare aber nicht schneller, sondern wieder wachsen lassen, solange der Haarfollikel noch vorhanden ist und nicht beschädigt wurde.

Warum wachsen meine Haare weiß oder gelockt wieder nach?
Wenn Haare weiß oder gelockt nachwachsen, ist es zu einer meist vorübergehenden Verletzung des Follikels gekommen. Bei weißen Haaren infolge der Melanozytenproduktion, Pigmentzellen, welche für die Pigmentierung und somit der Färbung der Haare wichtig sind. Gleiches gilt bei gekräuselten Haaren infolge der Strukturverletzung, der Verletzung der Wurzel.

Was muss ich bei der Pflege meiner Haare besonders beachten?
Die Haar- und Kopfhautpflege sollte dem Hauttyp angepasst sein. Bei fettigem Haar ist anders vorzugehen als z. B. bei sehr trockenem Haar oder trockener Kopfhaut. Verallgemeinernd, sanfte Haarwaschmittel, welche zusätzlich auch pflegende Eigenschaften haben.

Haben Sie noch Tipps, wie ich mir und meinen Haaren etwas Gutes tun kann?
Grundsätzlich gilt, je wohler man sich fühlt, um so weniger Leidensdruck ist da, welcher bei Betroffenen letztendlich wieder in der Trichotillomanie enden kann. Sport treiben, Freude am Leben haben, unterstützen wesentlich den Behandlungserfolg.

Empfehlungen eines Friseurs

von Jürgen Behn

Während meiner Bundeswehrzeit, die ich 1964 in einem Bundeswehrlazarett ableistete, begegneten mir erstmals ältere Soldaten, die an Trichotillomanie litten. Diese Menschen versuchten, Ihre schrecklichen Erlebnisse des zweiten Weltkriegs damit zu verarbeiten.
1966 trat ich als Geschäftsführer in den Salon meines Vaters ein. Ein Jahr später machte ich meinen Meister und führe seitdem das Geschäft eigenverantwortlich. Seit dieser Zeit sind bestimmt annähernd 100 Trichotillomanie-Betroffene zu mir gekommen. Die wenigsten von Ihnen haben sich mir gegenüber geöffnet und darüber gesprochen. Ich hoffe, mit meinen Erläuterungen dazu beitragen zu können, die Angst vor einem Friseurbesuch zu nehmen und Mut zu machen, über Trichotillomanie ganz offen zu sprechen!

Sollte ich bei Trichotillomanie überhaupt zu einem Friseur gehen?
Ja, unbedingt. Der Friseur kann helfen, die ungleich langen Haare anzugleichen und so die kahlen Stellen so gut es geht zu kaschieren.
Wichtig: Häufiges Schneiden oder Rasieren der Haare führt nicht zu einem stärkeren oder kräftigen Haarwuchs. Ob ein Mensch kräftiges, dünnes, lockiges oder glattes Haar besitzt, ist eine Veranlagung.

Wie kann ich die Angst vor dem Friseurbesuch überwinden?
Der oder die Kundin sollte unbedingt zu einem erfahrenen Friseur gehen! Je länger ein Friseur tätig ist, um so mehr Erfahrungen hat er und um so mehr Haarerkrankungen hat er gesehen.

Soll ich meinen Friseur über meine Erkrankung aufklären?
Ja! Es ist unbedingt nötig, sonst kann keine Vertrauensbasis entstehen. Wenn Sie einen neuen Friseur besuchen, sollten Sie sich vertrauensvoll an den Chef oder die Chefin des Salons wenden.

Sollte sich der Friseur mit Trichotillomanie auskennen?
Viele Frisöre kennen Trichotillomanie nicht und können so den Ernst der Lage nicht verstehen. Daher ist es wichtig, den Frisör aufzuklären.

Was ist beim Haarschnitt zu beachten?
Der Frisör muss individuell beraten, welcher Haarschnitt in Frage kommt. Dabei muss er sich auch danach richten, was an Haaren noch da ist, bzw. wie die kahlen Stellen am besten verdeckt werden können.

Durch das Reißen ist meine Kopfhaut und das Haar stark geschädigt. Welche Pflege bzw. Behandlung empfehlen Sie?
Hier empfiehlt sich Wundsalbe, die in der Apotheke erhältlich ist. Die Salbe ganz dünn auftragen. Zum Waschen der Haare ist Babyschampoo am verträglichsten. Es enthält Lanolien (Wollfett) einen sogenannten Rückfetter, was das Haar vor dem Austrocknen schützt.

Ab wann ist es ratsam einen Dermatologen aufzusuchen?
Wenn die Kopfhaut extrem geschädigt ist und Entzündungen (Blut und Eiter) auf der Kopfhaut zu sehen sind. Durch die offenen Stellen auf der Kopfhaut können Bakterien eindringen und Entzündungen im gesamten Körper verursachen.

Kann ich mir die Wurzel herausreißen?
Zu 99,9 % wird die Wurzel nicht mit herausgerissen. Nur wenn immer wieder an der gleichen Stelle Haare herausgerissen werden und die Kopfhaut sehr geschädigt ist, wird die Haut immer weicher. Dann kann sie die Wurzel nicht mehr festhalten.

Wie schnell wachsen Haare wieder nach?
Unter normalen Bedingungen wachsen unsere Haare 1 cm im Monat. Bei Trichotillomanie muss sich die Wurzel erst wieder erholen. Darum kann es etwas länger dauern.

Meine Haare wachsen weiß nach. Sollte ich die Haare tönen oder färben, um die Übergänge anzugleichen.
Bei angegriffener, wunder Kopfhaut niemals Färben, weil die Farb- und Wirkstoffe gleich in den Blutkreislauf gelangen und den Körper schädigen können. Eine Tönung ist nicht so gefährlich.

Wegen großer kahler Stellen am Kopf traue ich mich nicht mehr aus dem Haus. Können Perücken oder Haarteile helfen, die Isolation zu bewältigen?
Eine Perücke, bzw. Haarteil kann ein erster Schritt sein, sich wieder unter Menschen zutrauen. Langfristig können Sie aber bei der Überwindung der Erkrankung nicht helfen. Hier ist unbedingt eine Psychotherapie notwendig.

Ab wann beteiligen sich Krankenkassen an den Kosten für Perücken und Haarteilen? Wie hoch ist die Beteiligung der Krankenkasse? Wie lange hält eine Perücke bzw. ein Haarteil?
Wenn krankheitsbedingt eine Perücke benötigt wird, sollte man mit der Krankenkasse sprechen, ob und welcher Anteil übernommen wird. In der Regel wird ein Festbetrag von etwa 300,– EUR bewilligt.
Wie lange eine Perücke hält, hängt von der richtigen Pflege und der Beschaffenheit des eigenen Haares ab. Wenn die eigenen Harre z. B. sehr fettig sind, können sich die Bänder und das Unterfutter schneller auflösen.
Generell gilt: Je hochwertiger ein Produkt ist, um so länger kann es gut aussehen und halten.

Wie lange kann ich eine Perücke bzw. Haarteil tragen?
Eigentlich spricht nichts dagegen, Perücken lebenslang zu tragen. Aber ob es bei Trichotillomanie so ratsam ist, wage ich zu bezweifeln. Mit einer Perücke sind zwar die kahlen Stellen verdeckt, aber damit sind die Ursachen der Erkrankung nicht behoben. Hier kann nur eine Therapie langfristige Erfolge bringen.

Damit erwachsene Betroffene, aber auch kleine Kinder nicht mehr an ihren Haaren ziehen können, werden die Haare oftmals ganz kurz geschnitten. Was halten Sie davon?
Besonders bei Kindern und Jugendlichen sollte ich als Eltern nicht gegen den Willen des Kindes die Haare ganz kurz schneiden. Die Kinder fühlen sich unter Umständen dann erst recht als Außenseiter, sind eventuell Hänseleien ihrer Mitschüler und Freunden ausgesetzt. Das kann die Anspannung erneut erhöhen und das Haareausreißen verschlimmern.

Ich reiße mir Augenbrauen/Wimpern aus. Was kann ich da für mich tun?
Wenn mit einer Pinzette die Augenbrauen oder Wimpern ausgerissen werden, sollte die Pinzette aus dem Badezimmer und dem Leben verbannt werden. Sind Augenbrauen und Wimpern sehr gereizt oder entzündet, sollten keine Kajalstifte, Wimperntusche oder Augenbrauenstifte verwendet werden. Hier kann Farbe in die Haut eindringen und zu Entzündungen führen.

Kann ein permanent Make up helfen? Und wie teuer ist es?
Dieses Make up ist sehr teurer. Das permanent Make up muss öfter erneuert werden, weil die Farbe nicht so tief eindringen kann und darf.

Was passiert mit Haaren, wenn sie verschluckt bzw. zerkaut werden?
Wenn lange Haare im ganzen verschluckt werden, können sich im Magen Haarknäule bilden, die nur operativ entfernt werden können. Klein zerbissene Haare

können sich in die Magenwand schieben. Es können Entzündungen entstehen, die im schlimmsten Fall zu Magengeschwüren führen können. Bei Magenbeschwerden daher unbedingt einen Arzt aufsuchen.

Besonderer Hinweis zum Schluss:
Trichotillomanie-Betroffene sollten sich regelmäßig gegen Tetanus impfen lassen. Schmutz, der sich an den Händen und unter den Nägeln befindet, kann über die geschädigte Kopfhaut in den Körper gelangen und Entzündungen auslösen.

Was kann ich selber tun?
40 Strategien gegen das Haareausreißen von A bis Z

von Antonia Peters

Es gibt Tricks und Tipps, mit denen Sie selber dem Reißimpuls etwas entgegensetzen können, um so Ihre gesunden Anteile zu stärken.
Was glauben Sie, wie schön es ist zu spüren, dass Sie es sich mehr und mehr gut gehen lassen können und der Impuls nachlässt. Je öfter es gelingt, das Reißen zu unterlassen, um so größer die Motivation weiterzumachen und auch kleine Ausrutscher oder Rückfälle schadlos zu überstehen.
Die hier in alphabetischer Form beschriebenen Strategien, stammen von Besuchern unserer Foren im Internet, Teilnehmern der Selbsthilfegruppen und von mir selbst. Es sind Übungen, die dazu auffordern, die Anspannung auszuhalten, die Achtsamkeit und Wahrnehmung zu schulen, Situationen, in denen gerissen wird, bewusst zu meiden, zu verlassen oder zu verändern oder die eigene Kreativität anzuregen.
Gerade zu Beginn wird es nicht immer leicht sein, dem Drang zu widerstehen. Aber je öfter Sie üben, um so leichter wird es, das Reißen zu überwinden. Ich empfehle, täglich zu üben. Am besten bauen Sie die Übungen in den Tagesablauf mit ein. Fangen Sie einfach mal an!

Affirmationen
Mit positiven Gedanken wie: „Ich mag mich" können negative Denkmuster neutralisiert werden. Meine Lieblingssätze am Morgen sind z. B.: „Heute wird ein schöner Tag" oder „Ich liebe meine Haare, sie dürfen wachsen". Um die positive Wirkung zu verstärken, können die Sätze auf kleine Zettel geschrieben werden, die in der Wohnung am Spiegel, Telefon, Computer oder der Haustür befestigt werden können, oder erarbeiten Sie sich eine Affirmation, die zu Ihnen passt.

Atemübungen
Durch tiefes Luft holen oder bewusstes Ein- und Ausatmen, kann Anspannung überwunden werden. Als weitere Übung empfehle ich, sich auf seine Atmung zu

konzentrieren, die Augen zu schließen und dann auf seinen Herzschlag zu achten. Auf beides zu achten ist fast unmöglich, führt aber dazu, dass die Anspannung oder die Grübeleien zurückgehen. Diese Übungen können zu jeder Zeit, an jedem Ort durchgeführt werden, da sie keine Vorbereitung brauchen.

Aufkleber

Gerade in den ersten Tagen und Wochen, als ich mit dem Reißen aufgehört habe, wollte ich nicht nur das Glücksgefühl spüren, sondern auch visuell nachempfinden, wie viele Tage Reißfreiheit ich schon geschafft hatte. Dazu kaufte ich mir im Schreibwarengeschäft kleine bunte Aufkleber, die es z. B. als Herzen, Marienkäfer, Autos gibt, die ich nach jedem reißfreiem Tag an meine Badezimmerkacheln klebte. Für Tage, an denen doch wieder ein Haar ausgerissen wurde, klebe ich keinen Aufkleber auf. Je länger meine Herzchenreihe wird, um so stolzer und motivierter werde ich, auch nach kleinen „Rückfällen" weiterzumachen.

Die Aufkleber können auch in einen Übersichtskalender geklebt werden. Wichtig ist nur, dass er gut sichtbar ist, um sich täglich an den Erfolgen erfreuen zu können.

Bäder

Bäder oder eine heiße Dusche können Anspannungen und Verspannungen schnell lösen. Je nach Bedarf können anregende oder beruhigende Badezusätze hinzugegeben werden. Gerade bei Kindern haben warme Bäder eine beruhigende Wirkung vor dem Einschlafen.

Bälle

Es gibt zahlreiche Bälle, die in die Hand genommen werden können, um die Hände vom Haareausreißen abzuhalten. Hier einige Beispiele für Bälle: Igelbälle, Noppenbälle, Softbälle, Koshbälle, mit Mehl- oder Reis gefüllte Luftballons. Wichtig ist, dass die Bälle gut in der Hand liegen und sich angenehm anfühlen. Die Bälle sollten an jedem Ort bereit liegen, an dem die Gefahr besteht, Haare auszureißen.

Entspannungstechniken

Ich selbst praktiziere schon seit mehr als sechs Jahren jeden Morgen Qigong. Die drei Wurzeln des Qigongs sind: Meditation, Traditionelle Chinesische Medizin bzw. Gesunderhaltung und die Kampfkunst. Durch die langsamen Bewegungen und das bewusste Atmen spüre ich mich und meinen Körper bewusster, halte ihn gesund und beuge Verspannungen vor.

Weitere Entspannungstechniken sind u. a. Autogenes Training, progressive Muskelentspannung oder Yoga. In Buchläden und im Internet finden Sie weitere Informationen. Darüber hinaus bieten die Volkshochschulen Kurse zu verschiedenen Entspannungsverfahren an. Für alle Techniken gilt aber, dass sie regelmäßig, am besten täglich immer zur gleichen Zeit, angewendet werden sollten. Nur durch regelmäßiges Üben stellt sich die dauerhafte Entspannung für Körper, Geist und Seele ein.

Erbsen erwärmen
Getrocknete Erbsen werden in eine feuerfeste Schale gefüllt und im Backofen für 3 bis 5 Minuten erwärmt. Dann die Hände in die erwärmten Erbsen tauchen oder langsam durch die Finger rieseln lassen. Hände, Handgelenke und der ganze Körper werden sich entspannen. Besonders abends beim Fernsehen haben mich die warmen Erbsen schon so manches Mal vor dem Reißen bewahrt.

Erbsen zählen
Diese Methode zeigt, wie oft Sie dem Zwang widerstehen konnten. Nehmen Sie eine handvoll getrocknete Erbsen und stecken Sie diese in die linke Hosentasche. Immer wenn der Drang kommt und Sie ihm widerstehen konnten, wandert eine Erbse von der linken in die rechte Hosentasche.
Am Ende des Tages haben Sie einen guten Überblick darüber, wie oft Sie es geschafft haben, nicht an den Haaren oder Wimpern zu reißen.
Es ist ein tolles Gefühl, wenn sich die rechte Hosentasche füllt.

Fäuste ballen
So bald Sie den Drang zum Haarereißen spüren, ballen Sie die Hände zu Fäusten. Dadurch ist es unmöglich, gleichzeitig Haare auszureißen. Halten Sie die Fäuste so lange geballt, bis der Drang nachlässt. Als Alternative dazu können Sie sich auch auf die Hände setzen, die Handinnenflächen gegeneinander pressen, oder die Hände falten.

Gummiband
Ziehen Sie ein Gummiband um Ihr Handgelenk. Immer, wenn die Hand zu den Augenbrauen, Wimpern oder Kopfhaaren wandert, ziehen Sie an dem Gummiband. Der Schmerz wird Sie aus der Starre oder Abwesenheit zurück in die Realität holen und den Reißimpuls stoppen.

Frisörbesuch
Viele Trich-Betroffene schämen sich und fürchten deswegen oft den Frisörbesuch. Im Laufe der Jahre habe ich aber an mir bemerkt, dass ich auch vermehrt reiße, wenn meine Haare eine bestimmte Länge überschritten haben und der Schnitt in sich zusammenfällt. Mir gefällt mein Aussehen dann nicht mehr und ich fühle mich mit meinen Haaren unwohl.
Ich genieße dann die Anteilname und Aufmerksamkeit meines Frisörs während der Behandlung. Nach und nach kann ich im Spiegel beobachten, wie meine Haa-

re gepflegt und in Form geschnitten werden. Ein guter Schnitt und ein den Umständen entsprechendes gutes Aussehen hebt mein Selbstbewusstsein und meine Stimmung ungemein an.

Oft kann ich nach dem Besuch meine Haare in Frieden lassen. Ich will schließlich die schöne Frisur durch mein Haarereißen nicht wieder kaputt machen.

Wichtig ist bei einem Frisörbesuch jedoch, dass sich der Friseur mit Trichotillomanie auskennt. Friseure, die sich mit Trichotillomanie auskennen, finden Sie im Internet (www.trichotillomanie.de).

Haare bürsten

Nehmen Sie eine weiche oder stärkere Bürste zur Hand und bürsten Sie die Haare aus. Stellen Sie sich mit gebeugten Knien hin und neigen Sie sich nach vorne. Bürsten Sie die Haare vom Nackenansatz über die Kopfhaut bis zum Haarende. Danach stellen Sie sich aufrecht und bürsten vom Stirnansatz über die Kopfhaut bis zu den Haarspitzen. Schütteln Sie am Ende die Haare aus.

Das Bürsten hat eine anregende und beruhigende Wirkung. Es födert die Durchblutung, das freie Atmen der Kopfhaut, entfernt Hautschuppen und verteilt die eigenen Öle im Haar.

Haargespräche

Jeden morgen vor dem Spiegel spreche ich laut mit meinen Haaren. „Ihr seid schön und dürft wachsen". Oder: „Nein, ich werde jetzt nicht an euch reißen", „Ich mag mich und meine Haare." Durch das laute Aussprechen dieser Sätze und die liebevolle Auseinandersetzung zwischen mir und meinen Haaren, dringen die Sätze sehr viel besser in mich ein. Haargespräche unterstützen meine Achtsamkeit und helfen mir, die Finger von meinen Haaren zu lassen.

Haaröl

Etwas Haaröl auf die Handflächen geben und dann das Öl in die Haare reiben. Vorsicht, dass kein Öl auf die Kleidung kommt! Das Haar wird mit einem Ölfilm überzogen, so dass die Finger abrutschen, wenn sie ein Haar reißen wollen. Darüberhinaus pflegt das Öl die Haare und die Kopfhaut.

Haarpflege

Oft gehen wir nachlässig, aggressiv mit unseren Haaren um. Stetig wird an ihnen gerissen, gezogen, gesprüht, gegelt, getönt und gefärbt, um kahle Stellen zu verdecken. Für die Haare ist dies kein Vergnügen. Eine Pflegespülung oder Kurpackung verwöhnt nicht nur die Haare, sondern auch die Seele, wegen der liebevollen Beschäftigung mit den Haaren.

Die Pflegeprodukte sollten aber auf den Haartyp abgestimmt sein. Trockenes Haar braucht andere Produkte als fettiges Haar. Ihr Frisör berät Sie gerne bei der Auswahl guter Pflegeprodukte. Die Produkte müssen nicht teuer sein. Alte Hausrezepte wie, Haare mit Eigelb waschen, mit Bier ausspülen usw. helfen auch. Weitere Informationen zur Haarpflege auch im Internet.

Haare waschen
Wenn die Kopfhaut juckt, spannt und die Anspannung nicht mehr auszuhalten ist, kann eine Haarwäsche genau das richtige sein. Es macht den Kopf frei und spült die Grübeleien und Anspannungen weg. Dabei ist es nicht unbedingt notwendig, ein Shampoo zu benutzen. Oft reicht es schon wenn die Haare mit warmen Wasser gespült und anschließend trocken gerubbelt werden.
Danach die Haare nicht fönen, sondern an der Luft trocknen lassen. So wird nicht nur die Kopfhaut geschont, auch lassen sich nasse Haare nicht so leicht ausreißen.

Handschuhe
Ob Handschuhe aus Wolle, Baumwolle, Gummi, Plastik, oder Latex – alle Handschuhe sind geeignet, dem Reißen vorzubeugen. Besonders im Bett sind Handschuhe eine Hilfe. Die Handschuhe sollten angenehm zu tragen sein. Damit Kinder die Handschuhe nicht ausziehen, kann man sie mit einem Band leicht zusammenziehen.

Kaugummi
Vielleicht gehören Sie ja auch zu den Betroffenen, die nach dem Ausreißen mit den Haaren über die Lippen streichen, den Haarbalg zerbeißen oder die Haare in den Mund stecken und runterschlucken. Ich selbst weiß, dass das Herumbeißen für mich der eigentliche Kick ist, den ich brauche. Als Alternative kaue ich Kaugummi, das auf mich auch eine beruhigende Wirkung hat.

Knete
Erinnern Sie sich noch an die schöne bunte Knetmasse aus der Kinderzeit? Statt die Anspannung oder überschüssige Energie an den Haaren auszulassen, nehmen Sie doch mal wieder Knete zur Hand. Lassen Sie sich doch überraschen, was Ihre Hände daraus entstehen lassen. Gleiches geht auch mit Ton nehmen, aus dem vielleicht etwas besonders Schönes und Kunstvolles, vielleicht auch Lustiges oder sogar Rätselhaftes oder Seltsames entsteht. Der Kreativität sind keine Grenzen gesetzt.

Kopfbedeckungen
Egal ob Hut, Kappe, Kopftuch oder Mütze, es eignet sich jede Kopfbedeckung, um sich vor dem Haare ausreißen zu schützen. Ich habe unter meinem Wohnzimmertisch immer eine Baumwollmütze griffbereit liegen, die ich im Fall der Fälle dann schnell aufsetzen kann.

Kopfmassager

Also, dieses Kopfmassagegerät erinnert schon ein bisschen an einen abgeschnittenen Schneebesen. Bei den Ureinwohnern Australiens, den Aborigines, wird das Gerät schon seit Jahrhunderten verwendet. Die Drähte sind entweder aus feinem biegsamen Silberdraht oder Kupfer hergestellt. Je feiner der Draht, um so angenehmer die Kopfmassage.

Durch vorsichtiges auf und ab Bewegen auf dem Kopf wird zum einem die Kopfhaut gut durchblutet, beugt Schuppenbildung vor und kann positiven Einfluss auf Stressreaktionen, Kopfschmerzen, Migräne und Muskelverspannungen haben. Besonders angenehm finde ich es, wenn mein Partner oder eine Freundin mir damit den Kopf massiert. Kopfmassager gibt es in einigen Reformhäusern, manchmal beim Frisör oder im Nagelstudio. Angebote finden Sie auch im Internet.

Künstliche Fingernägel

Es gibt einige Betroffene, die schwören auf künstliche Fingernägel. Durch die langen Nägel können die Finger das einzelne Haar, Wimpern oder Braue nicht mehr greifen und es kratzt unangenehm auf der Haut. Sich künstliche Nägel machen zu lassen, ist zwar nicht ganz billig, aber wenn es hilft, das Reißen zu lassen … Erkundigen Sie sich mal über das Angebot in einem Nagelstudio.

Lichttherapielampe

In der dunkleren Jahreszeit, Herbst und Winter, in der wir uns mehr in geschlossenen Räumen aufhalten und uns weniger bewegen, kann das Haarereißen eventuell vermehrt auftreten.

Einige Betroffene haben sich deshalb eine Lichttherapielampe zugelegt, vor der sie täglich ca. 20 Minuten sitzen, um durch das helle Licht ihre Stimmung anzuheben. Auf unseren Webseiten finden Sie viele Erfahrungsberichte darüber.

Malen

Vielleicht haben Sie ja noch aus der Schulzeit Buntstifte, Wachsmalkreiden und einen großen Malblock aufgehoben? Immer wenn der Impuls kommt, malen Sie einfach drauflos. Lassen die Energie einfach über die Hand aufs Blatt fließen. Wenn Sie bevorzugt beim Telefonieren Haare ausreißen, legen Sie sich einen Block und Stift neben das Telefon und malen während des Gesprächs.

Meditation

Mit der Konzentration auf das „Hier und Jetzt" wird die Selbstwahrnehmung trainiert. Mit der Meditation werden Sie lernen, sich selber besser wahrzunehmen. Diese Selbstwahrnehmung ist viel positiver als das „sich selber spüren" durch das Ausreißen der Haare.

Musik hören
Für mich ist es immer sehr gefährlich, wenn ich nachdem Zusammensein mit Freunden wieder alleine Zuhause bin! Oder wenn ich nach einem turbulenten Arbeitstag oder nach einem Urlaub wieder alleine bin, wird der Druck sehr stark. Je nach Stimmungslage lege ich dann eine ruhige oder beschwingte Musik auf, um wieder zu mir zu finden.

Rasieren
Um die Haare nicht mehr greifen zu können, rasieren sich einige Betroffene die Haare ganz ab. Das hält dann ca. 2 Wochen, bis wieder zum Rasierer gegriffen werden muß. Hier müssen Sie sich aber sicher sein, wegen des Reißimpulses (vorübergehend) Glatze tragen zu wollen. Es nur anderen zum Gefallen zu tun, ist nicht der richtige Weg. Besonders Eltern möchte ich dringend bitten, die Haare ihres Kindes nur zu rasieren, wenn ihr Kind auch zu gestimmt hat.

Rastazöpfe
Im Internet finden sich einige Erfahrungsberichte zum Thema Rastazöpfe. Es ist eine spezielle Flechttechnik, bei der die Haare so geflochten werden, dass sie ganz eng am Kopf liegen. In afrikanischen Kosmetikläden oder im Internet finden Sie weitere Informationen. Diese Rastazöpfe halten in der Regel 3 – 4 Monate. Leider ist diese Frisur nicht ganz billig, weil sehr aufwendig. Eine Sitzung kann schon mal zwischen 5 – 8 Stunden dauern.
Manchen hilft es auch schon, die Finger von den Haaren zu lassen, wenn die Haare zum festen Pferdeschwanz zusammen gebunden werden, Zöpfe geflochten, oder die Haare zu einer Hochsteckfrisur frisiert werden!
Stellen Sie sich einfach vor den Spiegel und probieren mehrere Varianten aus.

Schnuller
Das Saugen an einem Schnuller hat für Babys und Kleinkinder eine sehr beruhigende, häufig auch einschläfernde Wirkung. Mit einem Schnuller im Mund kann das Kind auch nicht gleichzeitig auf den Haaren kauen.

Singen
Sie haben bestimmt einen Lieblingssong? Wenn Sie ihn das nächste Mal hören, singen Sie doch einfach mit. Singen macht nicht nur den Kopf frei, sondern baut auch Anspannungen ab.

Situation verlassen
Wenn erst mal mit einem Haar, Wimper oder Augenbraue begonnen wurde, folgt meistens ganz schnell dass zweite, dritte ... Bevor ich mich dann ganz und gar im

Haarereißen verliere, versuche ich die Situation zu verlassen, in dem ich z. B. das Sofa verlasse. Die Handlung wird augenblicklich gestoppt.
Anschließend einen Tee kochen, eine Freundin anrufen oder Spazieren gehen, holt mich ins wahre Leben zurück.

Sport
Mit Sport kann seelischen und körperlichen Anspannungen vorgebeugt werden. Der Körper schüttet Glückshormone aus, die zufriedener und ausgeglichener machen. Es gibt unzählige Sportarten, die Sie alleine betreiben können, z. B. Fahrrad fahren, Laufen, Joggen, Trampolin springen, schwimmen usw. Oft bringt es jedoch mehr Spaß, mit Freunden oder im Verein Sport zu treiben. Erkundigen Sie sich doch mal, welche Angebote es in Ihrer Umgebung gibt.

Strichliste
Wissen Sie eigentlich, wie viele Haare bei einer Reißattacke dran glauben müssen? Tragen Sie doch ein kleines Notizbuch mit sich herum und führen eine Strichliste. Ganz ehrlich, ich war auch erschrocken, als ich schwarz auf weiß sah, dass es manchmal bis zu 200 Haare am Tag waren, die ich mir in meiner schlimmsten Zeit ausgerissen habe.
Aber es hat auch meinen Ehrgeiz geweckt, weniger zu reißen, nur noch 40 Haare, oder sogar nur 2 Haare auf meiner Liste eintragen zu müssen. So eine Liste hat nicht nur den Vorteil, dass Sie achtsamer mit dem Haaren umgehen, sondern das Führen der Liste verhindert das gleichzeitige Ausreißen.

Stricken/etwas mit den Händen tun
Es sind unsere Hände, die zu den Augenbrauen, Wimpern oder Kopfhaaren wandern und reißen. Die Hände könnten auch anderweitig beschäftigt werden z. B. mit stricken, häkeln, oder nähen. Kaufen Sie schöne Wolle, Stickgarn oder Stoff und lassen Sie der Kreativität freien Lauf. Und vielleicht können Sie dann mit dem selbstgestrickten Pullover sich oder anderen lieben Menschen eine ganz besondere Freude bereiten.

Tagebuch schreiben
Als ich mit der Verhaltenstherapie anfing, begann ich auch wieder Tagebuch zu schreiben. Ich hab nicht nur meine Gedanken und Gefühle, die plötzlich wieder hochkamen, notiert, sondern auch die Anregungen und Übungen, die meine Therapeutin mir aufgab, aufgeschrieben.
Sie wissen selber, wie schnell Dinge vergessen werden. Es tut gut und spornt mich immer wieder aufs Neue an, wenn ich von Zeit zu Zeit immer mal wieder in meinem Tagebuch blättern kann und nachlese, wie und wann ich erfolgreich meinen Zwang besiegt habe.

Auch heute schreibe ich täglich Tagebuch. Ich notiere mir, was ich heute an Aufgaben erledigt habe, wie und wo ich mir eine Pause zum Entspannen gegönnt habe, ob ich Haare gerissen habe oder nicht, wie meine tägliche kleine oder auch manchmal große Belohnung aussah und wie zufrieden ich am Ende des Tages mit mir bin.

Durch das Aufschreiben erlebe ich mich und meinen Tag bewusster und habe einen guten Weg gefunden, quälende Gedanken, Gefühle und Begegnungen abzugeben und loszulassen.

Tanzen
Nach einen langem Schul- oder Arbeitstag, nach einer langen Sitzung am PC oder kurz vor dem Haare ausreißen, legen Sie einfach die Lieblings-CD auf und tanzen mal durch die Wohnung. Sie werden spüren, wie Anspannungen und Verkrampfungen weichen, und Freude und Energie zurückkehren.

Tesafilm/Pflaster
Meine absolute Lieblingsstrategie gegen Trichotillomanie ist, sich die Fingerspitzen mit Tesafilm oder Pflaster zu umwickeln. Durch diese Schutzkappe ist es unmöglich, Haare zu ziehen, weil kein Feingefühl mehr da ist.

Vaseline
Reißen Sie Wimpern und oder Augenbrauen aus? Dann reiben Sie diese doch mal mit Vaseline oder Melkfett ein. Durch den Fettfilm gelingt es nicht an die Brauen zu ziehen. Wichtig ist, dass die Fettcreme keine Parfüm oder chemische Zusätze enthält, die die empfindliche Augenpartie reizen und entzünden kann.

Wecker (1)
Ich nehme meinen Wecker morgens mit ins Bad und stelle ihn auf 5 Minuten ein. Klar, kein Mensch schafft es wohl, in fünf Minuten zu duschen, Zähne zu putzen und sich anzuziehen. Aber mir reichen 5 Minuten, um mich im Haarereißen zu vergessen. Durch das laute Klingeln werde ich dann aber regelrecht aus meinem Trance herausgerissen, werde mir der Handlung bewusst und kann das Reißen stoppen.

Wecker (2)
Unangenehme Aufgaben schiebe ich gerne lange vor mir her. Es ist ja auch viel schöner, in einem interessanten Buch zu lesen, als die längst fällige Steuererklärung auszufüllen oder den Abwasch zu machen. Diese unangenehmen Aufgaben haben die lästige Angewohnheit, sich immer wieder in meine Gedanken zu schleichen. Sie machen Druck und Anspannung und führen nicht selten zum Haare ausreißen.

Um die unangenehmen Arbeiten überschaubarer zu machen, stelle ich den Wecker auf 1 Stunde Zeit ein. Klingelt der Wecker, ist entweder alles erledigt oder ich gönne mir eine kurze Verschnaufpause und bringe die Angelegenheit dann zu Ende.

Nach der Übung ➜ Belohnung!

Wenn Sie die eine oder andere Strategie ausprobiert haben, ist es jetzt an der Zeit, sich dafür zu belohnen!
„Wieso belohnen", werden Sie fragen?
Es ist schwer, alte Gewohnheiten aufzugeben! Eine Belohnung für diese anstrengende Arbeit soll bewusst machen, dass Sie es geschafft oder versucht haben, den eingefahren Weg zu verlassen. Auf das Ergebnis der Übung kommt es also nicht an, allein der Versuch ist schon Grund für eine Belohnung. Die Belohnung wird Sie motivieren, immer wieder zu üben.

Eine Belohnung kann z. B. sein:
- Musik hören
- sich etwas leckeres zu kochen oder backen
- im Lieblingsbuch zu lesen
- ein Kino- oder Theaterbesuch
- eine Massage
- einen Ausflug oder eine Reise
- sich mit Freunden treffen
- Kaffee- oder Restaurantbesuch
- ein neues Buch, oder eine CD
- sich von anderen, Familie, Freunde, Partnern loben lassen

Belohnen Sie sich regelmäßig, denn so erlernen Sie, alte Muster zu verlassen.

Der Rückfall

Zum Schluss noch ein paar Gedanken zum Thema Rückfall!

Lange Zeit war es meine Methode, unangenehme Gefühle, Wünsche und Bedürfnisse mit dem Haarereißen zu unterdrücken.

Manchmal habe ich nur eine Leere gespürt und war mir gar nicht mehr gewusst, wie sich Trauer, Freude, oder Wut anfühlen.

Ich musste erst mal wieder lernen, meine Gefühle und Bedürfnisse wahrzunehmen und zuzulassen. Für Sie bedeutet dies, dass Sie sich genügend Zeit für sich nehmen sollten. Gerade am Anfang kann es ungewohnt sein, 1 Stunde Zeit für sich einzuplanen. Hinzu kommen die Anforderungen und Wünsche, die von außen immer wieder an uns herangetragen werden.

In solchen Situationen kann es dann zu kleinen Rückfällen kommen.

Auch mir passiert es heute hin und wieder, dass ich in der Hektik des Alltags unachtsam mit mir umgehe, und dann wieder mit dem Reißen anfange.

Dann setze ich mich in Ruhe hin und überlege, was mich dazu gebracht hat. Meistens wird mir sehr schnell klar, dass ich ohne Pausen gearbeitet habe, oder aus Angst vor bestimmten Situationen, zu sehr im Grübeleien verfallen bin. Oder dass ich meine Erwartungen und Ziele für mich selbst, wieder mal viel zu hoch gesteckt habe.

Klar ärgere ich mich dann auch über mich selbst. Natürlich bin ich traurig, über die Haare, die ich unnötiger Weise ausgerissen habe.

Aber deswegen bin ich doch kein schlechter und willenloser Mensch!

Der Rückfall ist eine Art Barometer, dass mir anzeigt, wie es mir geht und klar macht, wie und wo ich achtsamer mit mir umgehen muß.

Die Suche nach der Ursache sollte aber nicht zu lange dauern. Schauen Sie nach vorne! Freuen Sie sich darüber, wie oft Sie es schon geschafft haben, dem Impuls zu widerstehen. Machen Sie sich bewusst, wie viele positive Eigenschaften und Fähigkeiten Sie haben. Wie wichtig und hilfreich Sie für die Menschen in der Familie, Partnerschaft und im Freundeskreises sind.

Sie mögen und lieben Sie auch, trotz eines Rückfalles!

Der Rückfall ist kein Weltuntergang!

Claudias Geschichte

Wer bist Du?
Claudia, 31, angehende Heilpraktikerin, lebe in einer WG, ledig.

Wann fing Trich bei Dir an?
Als ich anfing, meine Wimpern auszuzupfen, war ich 11 Jahre alt, Kopfhaare mit 16 Jahren und Augenbrauen mit ca. 21 Jahren.

Gab es dafür einen bestimmten Auslöser, oder Situation?
Nicht dass ich wüsste.

Wie sehr hat Trich Dich und Dein Leben beeinflusst?
Sehr, da es sehr viel mit Scham zu tun hat, und Scham hemmt im Umgang mit anderen Menschen. Insbesondere habe ich Intimitäten mit Männern meist vermieden, weil ich Angst hatte, dass sie kahle Stellen entdecken und mich darauf ansprechen könnten. Außerdem habe ich lange mit niemandem darüber gesprochen, auch als es für alle ersichtlich war, dass mit meinen Haaren irgendwas nicht stimmt. Meine Freunde merkten, dass ich darüber nicht sprechen wollte und sagten auch nichts, aber es stand unausgesprochen zwischen uns, was zur Folge hatte, dass ich mich niemandem so richtig nahe fühlen konnte. Natürlich habe ich auch Aktivitäten wie Schwimmen, Fahrradfahren etc. vermieden, weil dadurch meine Haare bzw. meine kahlen Stellen sichtbar geworden wären.

Wo, an welchen Stellen reißt Du Haare aus?
Wimpern, Augenbrauen und Kopfhaare.

Hast Du jemanden ins Vertrauen gezogen?
Ja, inzwischen wissen viele meiner Freunde darüber Bescheid, meine Eltern und der Rest der Familie auch.

Wie sind Deine Familie, Freunde, Kollegen damit umgegangen?
Manche fanden mein Problem nicht im entferntesten so problematisch wie ich selbst. Sie erzählten mir von ihren eigenen „Macken" oder versuchten, mich zu

trösten. Einerseits fand ich solch gelassene Reaktionen gut, andererseits war ich auch enttäuscht, weil ich mir mehr Aufmerksamkeit gewünscht habe. Mein Geheimnis war preisgegeben, aber keinesfalls so spektakulär wie angenommen. So in etwa war mir zumute, glaube ich.

Wann und wie hast Du erfahren, dass Dein Verhalten Trichotillomanie heißt?
Ich glaube, das war in einer „taff"-Sendung, da war ich schon 25 Jahre alt, selbst von meiner Therapeutin hatte ich den Begriff noch nicht gehört.

Was hast Du dann getan?
Das weiß ich nicht mehr so genau, ich glaube, ich habe mich nach einer Selbsthilfegruppe in meiner Nähe umgesehen.

Wann und bei wem hast Du das erste Mal über Trich sprechen können?
Im Alter von 22 oder 23 Jahren bei meiner ersten Therapeutin.

Welche Therapie hast Du gemacht?
Verhaltenstherapie (stationär und ambulant) und psychoanalytische Psychotherapie.

Hat es Dir geholfen?
Nicht im Bezug auf das Zupfen, aber um mehr über mich zu erfahren und um Zusammenhänge besser zu verstehen.

Was wendest Du heute noch davon an?
Kann ich so nicht beantworten. Ich probiere immer mal wieder gerne Dinge aus, aber es gibt keine Technik, die ich über die Jahre beibehalten habe.

Bist Du geheilt?
Nein.

Wie gehst Du heute mit Trich um?
Entspannter als anfangs auf jeden Fall, aber ich wünsche mir trotzdem, dass ich irgendwann einfach mal so gelangweilt von dieser Zupferei bin, dass ich damit aufhöre!

Besuchst Du eine Selbsthilfegruppe?
Ja, früher, aber nun durch meine Ausbildung nicht mehr.

Wenn ja, was hilft Dir dort besonders?
Der Austausch mit den anderen und das Gefühl, nicht alleine damit zu sein.

Was hilft nicht?
Zwanghafte Arbeitsgruppen, bei denen ein Resultat/Erfolg angepeilt wird.

Wenn Du auf Deinen Krankheitsverlauf zurückblickst, was würdest Du heute anders machen?
Ich wünschte, ich hätte mich schon früher jemandem anvertraut und eher eine Therapie gemacht, da ich merke, wie schwer es im Laufe der Jahre und des Zupfens ist, damit aufzuhören, weil die Gewohnheit ein nicht zu unterschätzender Faktor ist.

Was möchtest Du anderen Betroffenen noch als Rat oder Tipp mit auf den Weg geben?
Nicht schämen, nicht verstecken!

Danke Claudia!

Kontakt:
Claudia, Email: MVNC@gmx.de

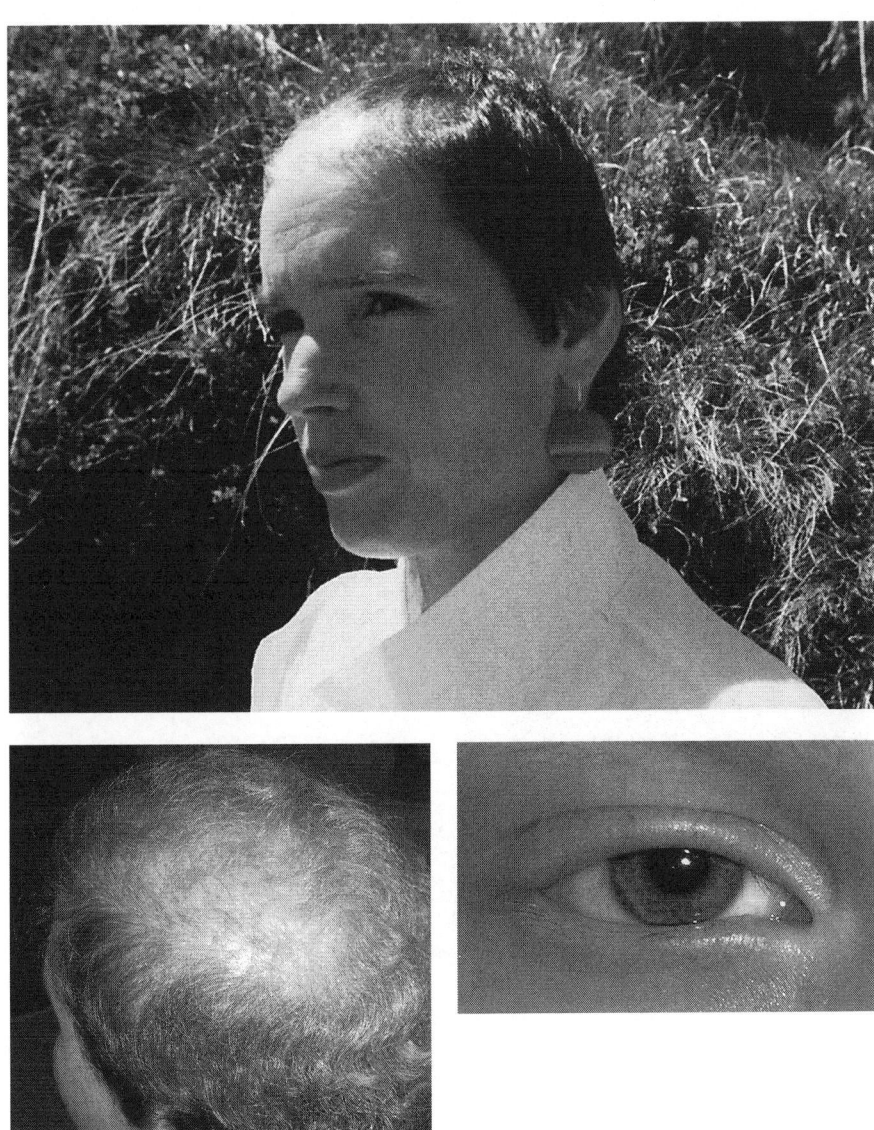

Alle behaarten Körperteile können von Trichotillomanie betroffen sein. Bevorzugte Stellen sind häufig die Kopfhaare oder auch Wimpern und Augenbrauen.

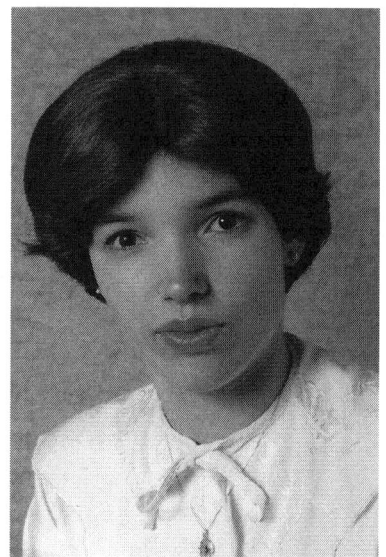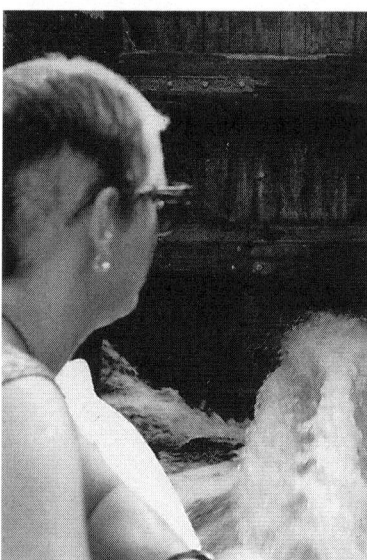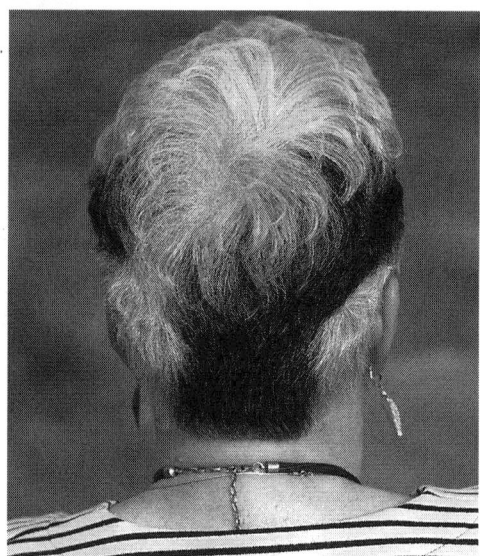

Kahle Stellen werden oft versteckt wie hier mit Kopftüchern und Perücken. Nachwachsende Haare verändern oft die Struktur (kraus) und Farbe (weiß).

14 Monate reißfrei!

von Anita*

Um zu verstehen, was ich mit dieser Überschrift meine und was sie für mich bedeutet, möchte ich meine Geschichte mit der Krankheit Trichotillomanie erzählen. Ich bin 35 Jahre alt und bekam mit 15 Jahren Trichotillomanie. Ich kann mich noch gut an den Zeitpunkt erinnern. Damals wechselte ich von der Realschule aufs Gymnasium. Dort war ich aus heiterem Himmel einem ungeheuren Leistungsdruck ausgesetzt. Die Lehrer waren so anders als auf meiner alten Schule – viel strenger – und ich war nun nicht mehr die Beste in der Klasse, sondern gehörte auf einmal zu den Schlechtesten! Vorher brauchte ich mich nicht anzustrengen, um gute Noten zu schreiben. Jetzt musste ich für die Arbeiten lernen, am Schreibtisch sitzen, und das kannte ich nicht. Ich habe sehr unter den schlechten Noten gelitten, bald zeigten sich auch psychosomatische Symptome wie Kopfschmerzen und Magenbeschwerden. Auch befand ich mich zu der Zeit mitten in der Pubertät und kam mit den körperlichen Veränderungen nicht zurecht. In dieser Zeit fühle ich mich sehr oft allein und unverstanden. Meine Wut und mein Frust richtete sich oft nach außen. Ich trat vor Schränke, schrie herum, zerzauste meine Zimmerpflanzen. Damit kamen wiederum meine Eltern nicht klar, sie reagierten mit Unverständnis und machten deutlich klar, dass sie mit diesem Kind nichts zu tun haben wollten. Ich war nicht mehr das liebe, ruhige, vernünftige Mädchen. Natürlich wollte ich nicht, dass meine Eltern das aufbrausende und impulsive Kind ablehnten, so richtete ich alle meine Aggression gegen mich selbst. Eines Tages saß ich im Wohnzimmer, las ein Buch und drehte dabei in meinen langen Locken. Mehr aus Zufall riss ich mir damals ein paar Haare aus. Ich dachte mir nichts dabei, aber so fing die Trichotillomanie bei mir an. Irgendwann bekam ich dünneres Haar, und es dauerte nicht mehr lange, und es bildeten sich die ersten kahlen Stellen. Mir war von Anfang an bewusst, was ich tat und um so mehr begann das Leiden, mir dieses selbst anzutun. Bald fielen die kahlen Stellen auch meinen Eltern auf. So begann die lange Odyssee bei den Ärzten zur Suche nach der Ursache. Ich hatte mich so sehr für mein Verhalten geschämt, dass ich es niemals hätte zugeben können. Irgendwann glaubte ich schon fast selber die Geschichte von mysteriösen „Haarausfall". Meine Schuldgefühle wegen des Leides, was ich meinen Eltern bereitete, wurden immer größer, und die Trich verursachte immer größere Verwüstungen auf meinem Kopf. Ich dachte jedoch immer, dass ich die Einzige auf der ganzen weiten Welt wäre, die sich die Haare ausreißt und es auch von alleine schaffen würde, diese Krankheit zu besiegen. Irgendwann war mein Leidensdruck so groß, und im aufkommenden Zeitalter des Internets verfasste ich in einem allgemeinen Gesundheitsforum einen Aufruf. Ich schilderte das Haarereißen und hoffte, dass mir irgend jemand helfen konnte. Und tatsächlich! Mir antwortete jemand und gab mir den Namen dieser Krankheit und einen Hinweis auf Evas Homepage. Ich war außer mir. Einerseits erleichtert, andererseits unheimlich traurig, dass ich mich jahrelang so für mein Tun verdammt hatte. Das musste ungefähr 1998/99 gewesen sein. Trotz der Informationen dachte ich immer noch, dass ich es alleine schaffen würde. Ich las alles, was es zu Trich gab und versuchte es mit der systematischen Abgewöhnung nach Lee Baer. Anfangs mit gutem Erfolg, doch die Trich kam wieder. Durch diesen Rückschlag keimte bei mir der Gedanke, doch Hilfe bei einem Psychotherapeuten in Anspruch zu nehmen. Durch Antonia Peters bekam ich die Adresse eines Therapeuten, der zwar mit Trich noch keine Erfahrungen hatte, aber mit Zwangserkrankungen allgemein. In manchen Bereichen brachte mich diese Verhaltenstherapie, die in der Rückschau jedoch eher eine Gesprächstherapie war, zwar weiter, jedoch tat sich in meinem Reißverhalten gar nichts. Allerdings wurde mir während der Gespräche bewusst, bei welchen Situationen (Lesen, Telefonieren, am Computer arbeiten, Fernsehen) ich reiße. Auch machte mich der Therapeut mit der progressiven Muskelentspannung nach Jakobsen bekannt, die er ab und zu auch mit mir durchführte. Trotzdem war ich mit dem Verlauf der Therapie immer unzufriedener, da ich das Gefühl hatte, dass er an seine Grenzen mit mir gestoßen war. Mittlerweile besuchte ich auch regelmäßig eine Selbsthilfegruppe. Dort wurde mir von der Möglichkeit einer stationären Therapie im Alexianer-Krankenhaus erzählt. Anfangs war ich von dieser Idee wenig begeistert! Ich wehrte mich mit Händen und Füßen, diesen Gedanken überhaupt anzunehmen. Als jedoch ein Mitglied der SHG die Therapie dort begann und von den Erfolgen berichtete, vereinbarte ich einen Termin für ein Vorgespräch bei dem zuständigen Arzt. Ich merkte bei dem Gespräch sofort, dass er sich mit der Krankheit auskannte, und ich fühlte mich sehr gut aufgehoben. So ging ich für 12 Wochen in stationäre Therapie. Das passte auch sehr gut, denn mein Studium war beendet und es lag vor Beginn der Arbeitssuche. Die Therapie war nicht sehr einfach, doch ich wurde symptomfrei und ohne Perücke entlassen. Die Abteilung für Zwänge und Trichotillomanie befindet sich in einem freistehenden Haus auf dem Klinikgelände und ist eher wie eine Wohngemeinschaft aufgebaut. Es werden um die acht bis zehn Patienten aufgenommen. Es gibt insgesamt vier Therapeuten, zwei Psychologen und zwei Co-Therapeuten. Während der Therapie hat man jeden Tag Sport, was wirklich sehr viel Spaß gemacht hat, danach Gruppentherapie und zweimal die

Woche progressive Muskelentspannung. Ich hatte noch Massagen und Körperwahrnehmung. Die Therapie gliedert sich in drei Phasen: Beobachtungsphase, Flooding und Erhaltung. Während der Beobachtung vermerkt man alle Situationen, in denen man reißt und wie hoch die Anspannung dabei ist. Diese ist in einer Skala von 1 bis 10 einzuordnen. Bei mir war z. B. „vor dem Spiegel stehen und weiße Haare suchen" eine 9. Vorher wurde mit den Therapeuten ausgemacht, wenn möglich während dieser Beobachtungszeit keine Haare zu reißen. Hier waren dann auch noch Verhinderungsstrategien, wie Handschuhe tragen etc. erlaubt. Nachdem man die Reißsituationen erkannt hatte, sollte man sich zu diesen Situationen Übungen ausdenken, damit man in eine möglichst hohe Anspannung kommt. Das war der Beginn des „Floodings = Reizüberflutung". Während des Floodings versucht man die Anspannung so lange auszuhalten, bis sie von alleine verschwindet. Bei mir war die „Spiegel-Übung" diejenige mit der höchsten Anspannung. Irgendwann jedoch merkte ich, dass auch die Anfangsanspannung immer niedriger wurde, bis es mich hinterher nur noch langweilte, weiße Haare zu suchen. Es bestand keine Gefahr mehr mir, die weißen Haare auszureißen! Das war ein tolles Gefühl! Auch bin ich zweimal zum Frisör gegangen in der Zeit. Es hat mich zwar unglaublich viel Überwindung gekostet, doch es hat mir viel Selbstvertrauen gegeben. Ich war sehr stolz auf mich, dass ich mich überwunden hatte und mich auch darauf eingelassen hatte. Während der Erhaltungsphase hatten wir noch Kompetenz- und Kommunikationstraining, welches unser Selbstbewusstsein stärken sollte. Für mich war diese Zeit in der Klinik sehr wertvoll. Oft habe ich fast aufgegeben, aber ich bin sehr froh, mich darauf eingelassen zu haben und den Therapeuten und mir vertraut zu haben. Eine stationäre Therapie ist ein intensiver Schritt auf dem Weg zur Heilung.

Nach dem Klinikaufenthalt suchte ich mir auch eine neue ambulante Therapeutin. Sie kannte sich mit Trich aus, und wir konnten auf der Basis der stationären Therapie weiterarbeiten. Leider begann das Haareausreißen durch die nervenaufreibende und frustrierende Arbeitsuche von neuem. Jedoch nicht mehr in früheren Ausmaß, und es kamen auch keine Kahlschläge mehr. Wir arbeiteten weiter an den Themen „Selbstwahrnehmung", „Selbstmanagement" und dem Umgang mit Frust und Enttäuschung. Ich begann zu arbeiten, war jedoch durch die monatelange Arbeitsuche sehr angeschlagen. Ständig hatte ich Angst, den Arbeitsplatz wieder zu verlieren. Daher nahm ich begleitend ein Antidepressivum, welches mir den größten Druck nahm.

In dieser Zeit wuchs mein Selbstvertrauen stetig, es war und ist ein fließender Prozess. Ich habe in den 20 Jahren nie die Hoffnung aufgegeben, dass das Haarereißen irgendwann wieder verschwinden würde. Und es ist verschwunden! Ich habe es nicht bekämpft, sondern meinen Frieden mit ihm geschlossen. Ich weiß, dass ich es wohl in den ersten Jahren zum Überleben brauchte. Jetzt brauche ich es nicht mehr. Ich werde achtsam bleiben und weiter an mir arbeiten. Für diese Erkenntnis haben mir viele Menschen geholfen: die Selbsthilfegruppe, die Betroffenen im Forum, die Therapeuten. Ich bin froh, dass ich die Therapien gemacht habe und nun weiß ich, dass die Krankheit nicht von heute auf morgen verschwinden kann. Ich kann allen Betroffenen nur den Mut machen, dass eine Heilung möglich ist.

Kontakt über:
TrichDortmund@aol.com

* Name geändert

Fallbericht Herr H.

von Michael Foltys

1. Symptomatik und Anlass der Vorstellung
Die Praxis betrat ein Ende 40-jähriger freundlicher und kontaktbemühter Maschinenbauingenieur mit dem Worten: „Ich habe Ihre Telefonnummer von der Deutschen Gesellschaft für Zwangserkrankungen bekommen und benötige Hilfe bei der Bewältigung meines Problems. Sobald ein Spiegel in der Nähe ist, fühle ich mich gezwungen, mir Haare vom Kopf zu zupfen. Wenn ich mich zu Hause im Badspiegel sehe und allein bin, kann ich diesem Drang, Haare auszureißen, nicht widerstehen. Es ist wie eine Sucht, die ich nicht losbekomme. Als mich mein Vater ganz verwundert ansprach und nachfragte, warum ich an den Seiten meines Kopfes schon die Haare verliere, entschloss ich mich, etwas dagegen zu unternehmen."
Anfänglich habe er das Haarezupfen für eine Art Marotte gehalten. In den letzten Jahren jedoch habe der Drang, Haare auszureißen, erheblich zugenommen. Kahle Stellen am Kopf seien nicht nur der Familie, sondern auch Arbeitskollegen aufgefallen. Nach längeren Recherchen im Internet habe er schließlich die Selbsthilfeorganisation der Deutschen Gesellschaft für Zwangserkrankungen gefunden und auf diesem Weg den Kontakt zu einem Therapeuten hergestellt.
Der Leidensdruck sei mittlerweile sehr stark geworden. Vor allem die Erkenntnis, dass es sich bei den Symptomen nicht um eine Marotte, sondern um eine Krankheit handele, habe ihn motiviert, etwas dagegen zu unternehmen. Eine Vorbehandlung habe bislang nicht stattgefunden.

2. Entwicklungsgeschichte und bisheriger Krankheitsverlauf
Herr H. ist als zweites von drei Kindern (fünf Jahre jüngerer Bruder und fünf Jahre älterer Bruder) gemeinsam mit seinen heute Mitte 70-jährigen Eltern in einer ländlichen Gegend aufgewachsen. Die Eltern seien beide Landwirte gewesen. Man habe in der DDR einen eigenen Bauernhof mit etwas Landwirtschaft, fünf Kühen, einem Pferd und 8 bis 10 Schweinen bewirtschaftet. Nach 1968 sei man in die LPG

gezwungen worden. Der Vater von Herrn H. habe darauf hin als Produktionsleiter auf der LPG gearbeitet und sich später zum Agraringenieur weiter qualifiziert. Die Mutter habe im Büro gearbeitet und sei vor allem für die Erziehung der Kinder zuständig gewesen. Durch die viele Arbeit der Eltern seien die Kinder alles in allem selbständig groß geworden. Die Mutter von Herrn H. wird als sehr gutmütig und für alle sorgend beschrieben. Sie habe vor allem darauf geachtet, dass die Familie nach außen hin gut dasteht. Ihr Handeln sei von der Sorge getrieben gewesen, dass „… die Leute ja nichts Schlechtes über die Familie denken". Ähnlich habe auch der Vater gedacht. In der Erziehung der Kinder ist er allerdings mit größerer Strenge und Härte vorgegangen. Als Herr H. in der Pubertät längere Haare getragen habe, wie es für diese Zeit üblich gewesen sei, habe der Vater darauf bestanden, dass die Haare kürzer geschnitten werden. Für Vergehen sei er gelegentlich vom Vater geschlagen worden. Insgesamt sei jedoch die Familienatmosphäre positiv gewesen. Zu dem fünf Jahre älteren Bruder habe Herr H. aufgeschaut. Dieser sei sehr sportlich gewesen und auch in der Schule habe er bessere Zensuren gehabt als er. Der fünf Jahre jüngere Bruder habe für seine Entwicklung nur eine unbedeutende Rolle gespielt.

Herr H. habe nicht die Kinderkrippe besucht. Meist habe der Opa auf ihn aufgepasst. Später sei er in den Kindergarten gegangen. 1962 wurde Herr H. eingeschult. Bis zu dieser Zeit habe es keine frühkindlichen Entwicklungsstörungen, schwere körperliche Erkrankungen, Unfälle oder irgendwelche Traumata auslösenden Ereignisse gegeben. Lediglich Nägelknabbern falle ihm als Problem seit Beginn der Schulzeit ein. Er sei ein nicht sonderlich fleißiger Durchschnittsschüler gewesen. Das Leben und Umfeld auf dem Lande habe zu viele Ablenkungen und Abwechslungen geboten.

2.1. Trichotillomaniespezifische Anamnese

In der Pubertät habe das Haarwachstum enorm zugenommen. Erstmalig sei er in der neunten Klasse von Mitschülern angesprochen worden, etwa in folgender Art: „… na, drehst du wieder an deinen Haaren herum!".

Nach dem Abschluss der Realschule 1972 habe Herr H. zunächst gearbeitet und von 1978–1981 ein Fachhochschulstudium zum Maschinenbauingenieur absolviert. Später (1982–1985) sei er in einen Großbetrieb zum Aufbau einer Maschinenanlage delegiert worden. Zu diesem Zeitpunkt sei ihm ein stärkerer Haarverlust beim Haarewaschen aufgefallen. Es hätten sich die ersten „Geheimratsecken" eingestellt. Als Gegenmaßnahme habe er versucht, mit Haarwasser den Haarausfall zu verringern. Arbeitskollegen sei aufgefallen, dass er sporadisch an Haaren des Hinterkopfs „gedreht", diese herausgerupft und anschließend durch den Mund gezogen habe. Er selbst habe dies wie einen Tick erlebt. Soweit er sich erinnere, habe das Haareausreißen in Zuständen von Langeweile stattgefunden, meist während der Arbeit bei der Kontrolle der Maschinenbauanlage.

Gegen 1988 seien ihm erste graue Haare aufgefallen. Diese hätten seine besondere Aufmerksamkeit erregt, ohne dass er Gründe dafür angeben könne. Auch seien dickere oder gekräuselte Haare für ihn „interessant" gewesen. Ab dieser Zeit habe das Haareausreißen quantitativ zugenommen. Eine weitere Steigerung der Symptomatik habe ca. 1992/93 eingesetzt, nachdem er als Einsatzleiter mit einem eigenen Dienstfahrzeug einen neuen Aufgabenbereich übernommen habe. Dies sei „Stress ohne Ende" gewesen. Als Einsatzleiter habe er verschiedene Baustellen beaufsichtigen müssen, von morgens 6.00 Uhr bis abends 20.00 Uhr. Das Telefon habe ständig geklingelt und er sei nicht zur Ruhe gekommen. Er habe dies jedoch nicht unbedingt als Belastung empfunden, sondern sich darüber gefreut, dass er so viel Kraft besitzt und so leistungsfähig sei. Während der Fahrten allein im Dienstfahrzeug habe er kleine Pausen an der Ampel und auch während der Fahrt dazu genutzt, um Haare aktiv und bewusst zu zupfen. Meist habe er diese auf dem rechten Oberschenkel gesammelt und nach Beendigung der Dienstfahrt aus dem Fenster geworfen, damit kein anderer sie findet. 1996 seien erste kahle Stellen am Kopf entstanden. Der „Spiegelblick" habe sich immer mehr automatisiert und verselbstständigt. Sowohl Arbeitskollegen als auch seine Frau hätten ihn dabei „ertappt" und bemerkt, dass er von dieser Marotte einfach nicht lassen könne. In den Jahren von 1992 bis 2000 habe er jeden Tag ca. 60–100 Haare gezupft. Immer wieder seien es die „auffälligen Haare" gewesen, gekräuselte, dicke oder graue Haare. 1999 habe er das Unternehmen gewechselt. Die neue Arbeit sei zwar etwas ruhiger geworden, jedoch wäre die Formel für den Stress in dieser Zeit anders zu definieren: viel Arbeit, wenig Geld, viele Organisationsprobleme und die ständige Gefahr, dass die Firma Pleite geht. Das Haareausreißen habe sich in dieser Zeit qualitativ verändert: die Suche nach dem „richtigen Haar" habe sich weiter spezifiziert. Es habe das „richtige Haar" auf die Zunge gelegt, erst dann habe er Befriedigung erfahren.

Ab 2002 habe er zunehmend Haare in Bündeln ausgerissen. „Fünf auf einem Streich" sei die Devise gewesen. Der Impuls habe den ganzen Tag über angehalten. Abends sei er völlig erschöpft zu Hause angekommen und habe 15 bis 30 Minuten vor dem Badspiegel gestanden und Haare gerissen. Diesem Ritual habe er sich wie ausgeliefert gefühlt. Damit es anderen Menschen weniger auffalle, habe er regelmäßig die Kopfseite gewechselt. Unter Einsatz eines Klappspiegels habe er später auch den Hinterkopf einbezogen. Unter Stress sei mitunter vor dem Zupfen eine deutliche Anspannung spürbar gewesen. Meistens jedoch habe er ohne Wahrnehmung einer inneren Spannung Haare gerissen. Im Urlaub sei eine Symptomentlastung eingetreten, da die Familie „aufgepasst" habe. Dennoch sei er gelegentlich auf die Toilette gegangen und habe gezupft. In dieser Zeit habe er sich intensiv bemüht, dem Impuls zum Haareausreißen zu widerstehen. Jedoch sei jede Art von Abstinenzversuch gescheitert. Nach dem zweiten Hörsturz im Jahre 2003 habe er begonnen, sich intensiv mit seiner Problematik auseinanderzusetzen.

2.2. Zugangswege zur Therapie

Per Zufall habe er im Fernsehen eine Sendung gesehen, in der über Zwänge gesprochen worden sei. Dabei sei kurz erwähnt worden, dass auch zwanghaftes Haareausreißen dazu gehöre. Er habe seinen Hausarzt danach befragt. Dieser habe sich aber nicht ausgekannt. Seine Frau habe sich zunehmend mehr Sorgen gemacht. Der Vater habe bemerkt „… jetzt fallen dir die Haare schon an den Seiten heraus …". Der Leidensdruck habe enorm zugenommen, vor allen dadurch, dass er nicht mehr nur einzelne Haare, sondern ganze Büschel „gerupft" habe. Dadurch seien die ersten kahlen Stellen entstanden. Angeregt durch den Hörsturz habe er sich Literatur zur Stressbewältigung besorgt und erstmals über zwanghaftes Haareausreißen gelesen. Weiterhin habe er im Internet recherchiert und Zugang zur Deutschen Gesellschaft Zwangserkrankungen gefunden.

Bis Dezember 2003 habe er ca. 1500 bis 2000 Haare im Monat gezupft. Dem seien ca. 15 Jahre vorausgegangen, an denen er keinen einzigen symptomfreien Tag gehabt habe. Durch die Information über das Internet im Dezember 2003, dass diese „Marotte" eine klinisch bedeutsame Erkrankung sei und es andere Betroffene gäbe, habe er sich bereits entlastet gefühlt. Erstmalig habe er begonnen, einen Widerstand gegen das Haarereißen aufzubauen. Dies habe dazu geführt, dass sich die Anzahl von ca. 1500 bis 2000 Haare pro Monat ungefähr halbierte. Nach der Kontaktaufnahme mit seinem Verhaltenstherapeuten und den ersten Therapiegesprächen sei die Anzahl der gezupften Haare nochmals deutlich (ca. 300 pro Monat) gesunken (vgl. Anhang, Abb. 1).

Kurz vor Beginn der ambulanten Verhaltenstherapie im Januar 2004 habe er erstmalig neben Kopfhaaren auch Barthaare gezupft.

3. Zusammenfassung der Ergebnisse der Verhaltensanalyse

Vor Beginn der Verhaltenstherapie war es wichtig, eine umfassende Verhaltensanalyse durchzuführen. Dabei wurde zwischen einer vertikalen und einer horizontalen Verhaltensanalyse unterschieden.

3.1. Vertikale Verhaltensanalyse

Die Analyse der lerngeschichtlichen Entwicklungsbedingungen (vertikale Verhaltensanalyse) bei Herrn H. läßt sich folgendermaßen zusammenfassen: Es ergeben sich keine Hinweise auf frühkindliche Entwicklungsstörungen. Bis zum 25. Lebensjahr verläuft die Biographie von Herrn H. unter verhaltensanalytischen Aspekten unauffällig. Es liegen weder schwerere Traumata, Unfälle noch Erkrankungen in der Familie vor.

Herr H. wächst in einer vollständigen Familie gemeinsam mit seinen Geschwistern auf. Trotz erkennbarer elterlicher Strenge verfügt Herr H. über ausreichend Ressourcen, dies während seiner schulischen Entwicklung zu kompensieren. Er entwickelt keine Symptome, die auf krankhaften Ehrgeiz oder Leistungsüberforderung schließen lassen. Einziges auffälliges Symptom ist sporadisches Nägelbeißen. Auch das angesprochene „Haaredrehen" in der neunten Klasse kann nicht als krankheitswertig eingestuft werden.

Folgende Phasen der Krankheitsentstehung lassen sich beschreiben:

(a) Prodomalphase: Beginn ca. 25. Lebensjahr in Zusammenhang mit vermehrter Arbeitsbelastung. Die Phase endet Ende der 80er Jahre mit dem ersten stärkeren Fokussieren auf graue Haare.

(b) Automatisierungsphase ca. ab 1992 bis 2000: In Verbindung mit starker, massiver, beruflicher Überforderung automatisiert sich das Haarereißen und tritt als ständiges Symptom mit Chronifizierungstendenz auf. Das Symptomverhalten koppelt sich insbesondere an den Anblick im Spiegel. Es generalisiert auf relativ viele Alltagssituationen.

(c) Akutphase ab 2002 bis Ende 2003: Die Arbeitsbelastung kann der Patient nicht mehr ausgleichen. Die Abwehr des Körpers verringert sich. Es treten weitere krankhafte Störungen auf (Hörsturz). Das Symptom lässt sich nicht mehr verheimlichen. Es kommt zu kahlen Stellen am Haupthaar des Patienten. Sowohl Arbeitskollegen als auch Familienangehörige bemerken die Verhaltensstörung. Der Patient sucht erstmals aktiv nach professioneller Hilfe.

3.2. Horizontale Verhaltensanalyse
Das Symptomverhalten wird überwiegend durch externe Stimuli ausgelöst. Hierunter fallen vor allem Spiegel (Rückspiegel im Auto, Badspiegel u.ä.). Zeitweise treten auch interne Auslöser auf, z. B. Langeweile und manchmal auch Anspannung. Diese externen und internen Auslösereize führen auf der körperlichen Ebene nicht unbedingt zu einem Aufbau eines Spannungsbogens. Viel mehr erlebt der Patient das Auftreten eines Zupfimpulses ohne stärkere körperliche Mitbeteiligung. Möglicherweise hat er dafür keine Wahrnehmung entwickelt. Da der Patient die letzten 10 bis 15 Jahre permanent unter einer hohen Arbeitsbelastung gestanden hatte (siehe Makroanalyse), lässt sich vermuten, dass er es nicht gelernt hat, körperliche Warnsymptome von Überforderung und Stress wahrzunehmen und entsprechend zu reagieren. Stattdessen versucht er durchzuhalten und sich jeder Anforderung zu stellen.

Auf der Verhaltensebene fällt zunächst das Ausreißen einzelner, bestimmter Haare (grau, dick, gekräuselt) auf. Neben der taktilen Manipulation der Haare spielt für Herrn H. das Spüren des Haares im Mund (orale Manipulation) eine besondere Rolle. Zeitweise verschluckt Herr H. einzelne Haare. Dies geht mit einem gewissen

Befriedigungserleben einher. In der weiteren Entwicklung der Erkrankung werden Haare büschelweise gezupft, die Frequenz steigt deutlich an und das Verhalten automatisiert und chronifiziert sich. In der Konsequenz führt das Haarezupfen nicht zu einem Spannungsabbau. Es lässt sich jedoch ein gewisses unterschwelliges Befriedigungsgefühl feststellen. Die eindeutig negativen Konsequenzen lassen sich an den kahlen Stellen am Kopf, die Feststellung des Störverhaltens durch andere Personen sowie die Verheimlichungstendenzen des Patienten festmachen.

Zusammengefasst entspricht das Symptomverhalten dem Typus des „fokussierten Reißers". Herr H. ist sich während des Reißens voll seines Verhaltens bewusst und es kommt auch während des Reißens nicht zu Zuständen der Bewusstseinseinschränkung oder „Dissoziation".

Im psychischen Befund dominiert eine gewisse Niedergeschlagenheit und Ratlosigkeit. Der körperliche Zustand des Patienten ist laut ärztlichen Konsiliarbericht unauffällig.

Während der Verhaltensanalyse füllte der Patient Beobachtungsprotokolle aus, in denen er angeleitet wurde, das Symptomverhalten zu beobachten: Der Schwerpunkt wurde darauf gelegt, in welcher Situation, mit welcher Frequenz und mit welcher Qualität das Symptomverhalten auftritt. Von Anfang an wurde auf die Registrierung der Anzahl der Haare Wert gelegt. Ebenso erstellte der Patient eine Hierarchie der Auslösesituationen, von ganz wenig Problemen (=1) bis sehr schwerwiegend (bis 100). Die Entwicklung ist im Anhang, Abb. 2, dargestellt.

4. Diagnose
Es lässt sich eine Trichotillomanie diagnostizieren.

5. Therapieziele
Der Patient möchte das Symptomverhalten abbauen, die Ursachen herausfinden und sich wieder normal und gesund verhalten können.

6. Therapieplanung und -durchführung
Nach den bisherigen Ergebnissen der Verhaltensanalyse erschien es sinnvoll, den Patienten zunächst über die Erkrankung umfassend aufzuklären (Psychoedukation). Darüber hinaus sollte der Patient im Rahmen seiner Therapie weiterhin Verhaltensanalysen erstellen. Dazu gehörte das Ausfüllen von Beobachtungsprotokollen, in denen sowohl Auslösesituationen als auch emotionale und Verhaltensreaktionen sowie gedankliche Reaktionen registriert wurden. Bedingungsanalytische Gespräche wurden geplant, um mögliche Hintergrundprobleme des Patienten zu identifizieren. Da sich das Verhalten als „fokussiertes Reißen" einstufen ließ und

relativ klar externe Auslösesituationen zu benennen waren, erschien es sinnvoll, ein Expositionstraining analog der Behandlung von Zwängen durchzuführen.
Nach umfassender Psychoedukation und verstärkter Analyse der Beobachtungsprotokolle wurde der Patient systematisch auf die Konfrontationsbehandlung vorbereitet. Ihm wurde verdeutlicht, dass durch die systematische Konfrontation mit externen Auslösebedingungen (Blick in den Spiegel, Blick auf Haare) nicht nur die Möglichkeit besteht, sich einfach an diesen Zustand zu gewöhnen, sondern aktiv ein innerer Widerstand aufgebaut werden kann. Dies wurde durch entsprechende Verbalisierung, wie „ich schaffe das, ich halte durch!" unterstützt (Selbstverbalisationstraining). Vor dem Beginn des Expositionstrainings („Spiegelübung") wurde in der Praxis eine Verhaltenserprobung gemeinsam mit dem Patienten vor einem Spiegel durchgeführt. In Anwesenheit des Therapeuten und im Schutz der Praxis stieg die Anspannung des Patienten während der Übung nicht über das mittlere Maß von 70 (Skala von 1 bis 100). Nach ca. 20–25 Minuten konnte der Patient diesen Anblick ohne nennenswerte Anspannung aushalten. Es traten zwar Impulse zum Haarzupfen auf, diesen konnte jedoch der Patient in der Übungssituation erfolgreich widerstehen. In der Auswertung gab der Patient an, sehr zufrieden mit dem Verlauf der Übung zu sein und entschloss sich, weitere Übungen zunächst in der Praxis durchzuführen. Herr H. konnte erkennen, dass durch eine gute Änderungsmotivation und seiner klaren Entscheidung, Impulsen zu widerstehen, diese auch kontrollierbar sind. Für den Therapeuten war erkennbar, dass die Widerstandskraft des Patienten in der entsprechenden Auslösesituation relativ gut ausgeprägt ist. Damit wurde auf das Erlernen eines Habit-Reversal-Trainings zunächst verzichtet, um die alleinige Wirksamkeit des Expositionstrainings besser abschätzen zu können. In der Folge führten wir drei weitere Expositionsübungen in der Praxis durch. Danach erweiterte der Patient seine „Spiegelübungen" auch auf den häuslichen Bereich. Zu den jeweiligen Übungen erstellte der Patient Protokolle, die im nachfolgenden Therapiegespräch ausgewertet wurden. Gemäß der eingangs geschilderten Symptomhierarchie (Anhang, Abb. 2) beübte der Patient sämtliche belastende Auslösesituationen systematisch, bis eine Gewöhnung an sie einsetzte. Die Erfahrung der Kontrollierbarkeit der Auslösesituationen löste beim Patienten zunehmend Zuversicht und Hoffnung aus.
Die Therapiemotivation verbesserte sich auch durch eine exakt geführte Protokollierung der gerissenen Haare. Im weiteren Verlauf der Therapie konnten sich Patient und Therapeut über den kontinuierlichen Abfall seiner „Fieberkurve" informieren (Abb. 1). Die Wochenprotokolle dienten nicht nur zur Quantifizierung des Haarverlustes, sondern der verstärkten Selbstbeobachtung und vertieften Verhaltensanalyse. Aus den Verhaltensanalysen ergaben sich keine spezifischen bestehenden Zusammenhänge zwischen Symptomatik und Stressfaktoren. Manche Wochen verspürte der Patient keinen Zupfdrang. Dabei wirkten sich Erholungsphasen wie Urlaub positiv aus. Manchmal bestand ein größerer Zupfdrang in der Woche, ohne

jedoch Auslöser dafür benennen zu können. Mitunter gab Herr H. als Motivation zum Zupfen innere Leere oder einfach „ausgepowert" zu sein bzw. eine „kleine Depression" an. Aus dieser Information gewannen wir die Einsicht, bei der Therapie insgesamt mehr auf Entspannungsmomente Wert zu legen. Möglichkeiten für eine sinnvolle Freizeitgestaltung, Freude am Sport, Hobbies und die Entwicklung von mehr Genussfähigkeit wurden als Schwerpunkte herausgearbeitet.

7. Formale Zusammenfassung des Therapieverlaufs

01.05.04 – 28.05.04: Einstiegsphase in das Expositionstraining. Im Vordergrund standen Übungen sowohl in der Praxis als auch im häuslichen Umfeld. Schwerpunkt lag auf der Festigung des Widerstands während geplanter Expositionsübungen. In dieser Zeit führte der Patient täglich Übungen im häuslichen Bereich, insbesondere abends durch. Die Dauer betrug ca. 15 bis 20 Minuten. Der Verlauf der Anspannung und das Auftreten besondere Gedanken und Gefühle wurde protokolliert.

18.06.04 – 18.08.05 In der Zeit vom 18.06.04 bis zum 18.08.05 protokollierte Herr H. selbständig täglich die Anzahl der gezupften Haare, das Ausmaß des Drangs des Zupfens, sein allgemeines Anspannungsniveau und körperliches Befinden. Ende 2005 bilanzierte er, dass sich die berufliche Situation stabilisiert habe. Sie sei jetzt weniger stressig und überschaubarer. Impulse zum Zupfen würden ganz wenig beim Kopfhaar auftreten, ab und zu mal beim Barthaar. Nach wie vor müsse er in den typischen Situationen (zu Bett gehen, Zähne putzen) auf Auslöser achten.

Bis Ende 2006 (Abschluss der Verhaltenstherapie) In dieser Zeit gelang es, mehrere Patienten mit Trichotillomanie zu einer Therapiegruppe zusammenzufassen. Es wurden fünf gemeinsame Gruppentermine wahrgenommen, zu denen sich die Betroffenen austauschen konnten. Ein wesentliches Thema im Rahmen dieser Gruppenarbeit war die Frage nach der Abstinenzmotivation. Dies reflektierte Herr H. Ende 2006 in seiner Jahresbilanz sehr positiv. Er habe viel darüber nachgedacht und berichtete am 28.11.06 über eine 8-wöchige, durchgehende Abstinenzphase. Im Abschlussgespräch brachte er zum Ausdruck, dass er auch früher die Abstinenz wirklich gewollt und es nicht geschafft hatte. Jetzt habe er die Störung weitestgehend im Griff und empfinde eine deutlich gesteigerte Lebensqualität.

1-Jahreskatamnese
Der Behandlungsfortschritt ist ein Jahr nach Abschluss der Verhaltenstherapie stabil. Herr H. zupfte ca. 10 Haare im Monat. Er hat inzwischen abermals die Arbeitsstelle wechseln müssen. In seinem Job fühlt er sich selbstbewusster. Die Trichotillomanie beeinträchtigt seine Lebensqualität nur noch unwesentlich.

8. Anhang

Abb. 1: Selbstbeobachtung durch Protokollierung der gerissenen Haare

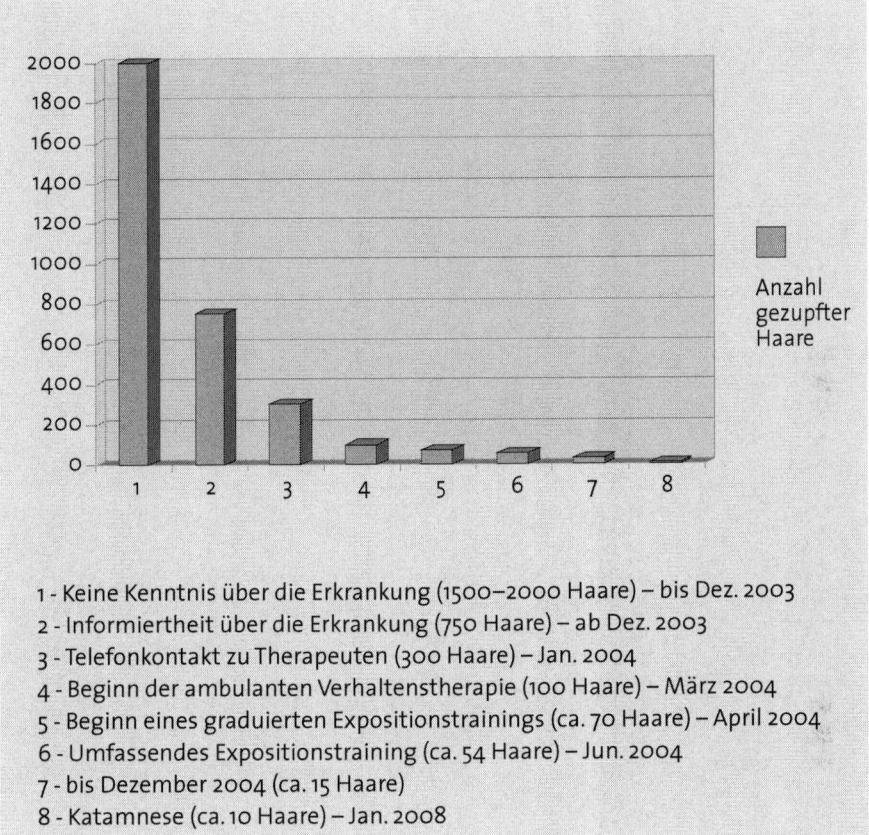

1 - Keine Kenntnis über die Erkrankung (1500–2000 Haare) – bis Dez. 2003
2 - Informiertheit über die Erkrankung (750 Haare) – ab Dez. 2003
3 - Telefonkontakt zu Therapeuten (300 Haare) – Jan. 2004
4 - Beginn der ambulanten Verhaltenstherapie (100 Haare) – März 2004
5 - Beginn eines graduierten Expositionstrainings (ca. 70 Haare) – April 2004
6 - Umfassendes Expositionstraining (ca. 54 Haare) – Jun. 2004
7 - bis Dezember 2004 (ca. 15 Haare)
8 - Katamnese (ca. 10 Haare) – Jan. 2008

Abb. 2: Hierarchie der Auslösesituationen

100%	• abends vor dem Zubettgehen beim Blick in den Badspiegel, dabei ungestört sein
90%–100%	• Blick in einen Spiegel, wenn unter Druck stehend
80%–90%	• beim Blick in den Rückspiegel im Auto, während eines Telefonats, unabhängig, ob stressig oder nicht
70%–80%	• morgens im Bad unter Zeitdruck • Warten im Auto (Stau, Bahnschranke)
60%–70%	• zu Hause in Lehrlaufsituationen bei Vorhandenseins eines Spiegels • bei familiären Anlässen (z. B. Familienfesten) und Auftreten von Langeweile • Blick in den Spiegel, auch wenn kein Zeitdruck vorhanden
40%–50%	• beim Fernsehen
30%–40%	• im Urlaub, bei wenig Druck • wenn die Ehefrau dabei ist
10%–20%	
0%–10%	

Was ist die Botschaft dieses Haares?
Ein Fallbericht

von Aba Delsignore und Michael Rufer,
unter Mitarbeit von Frau S.

Die 30-jährige Frau S. meldete sich bei uns im Ambulatorium der Psychiatrischen Poliklinik des Universitätsspitals Zürich an, um die Möglichkeit einer psychotherapeutischen Behandlung ihrer seit 15 Jahren bestehenden Trichotillomanie abzuklären. Sie hatte von einer ebenfalls betroffenen Kollegin über das Therapieangebot unserer Sprechstunde für Zwangsspektrumsstörungen gehört und erhoffte sich, mit einem erneuten Therapieversuch „nachhaltige Ergebnisse" zu erzielen. Mit Unterstützung einer ersten Verhaltenstherapie war es ihr im Alter von 25 Jahren gelungen, das Haareausreißen zu reduzieren. Nach Therapieabschluss hatte sie jedoch immer weniger dem Reißimpuls widerstehen können und im Verlauf des letzten halben Jahres hatte sich dieser nochmals deutlich verstärkt. Zur Zeit der Anmeldung fühlte sie sich ihren Impulsen ausgeliefert und litt sehr unter den kahlen Stellen am Kopf (bei flüchtigem Hinsehen sah es für andere so aus, als wenn ihre Haare auf den Seiten dünner wachsen, Frau S. selber war jedoch davon überzeugt, dass die kahlen Stellen trotz kosmetischer Massnahmen für jeden gut sichtbar waren). Sie äusserte den Wunsch, aufgrund ihres zunehmenden Leidens möglichst bald eine Therapie beginnen zu können.

Wichtiges aus der Lebensgeschichte
Frau S. wuchs mit ihren Eltern als älteste von drei Töchtern in einer „zielstrebigen" Familie auf. Da ihr Vater für eine internationale Firma arbeitete, zog sie mit ihrer Familie mehrmals um, ging unter anderem während 3 Jahren in Asien auf die Primarschule und lebte später im Alter von 16 Jahren für knapp zwei Jahre in Kanada. Zurück in Europa schloss sie dann die Matur ab. Beruflich folgte eine schwierige Zeit, in der sie zwei Studien abbrechen musste, weil sie die Zwischenprüfun-

gen nicht bestand. In den letzten 5 Jahren arbeitete Frau S. für eine Versicherung und absolvierte dort erfolgreich eine interne Ausbildung. Obwohl ihr diese Arbeit nur bedingt gefällt, hat sie damit eine gewisse finanzielle Sicherheit, mit der sie sich ein neues Studium finanzieren kann. Vor 2 Jahren lernte sie ihren aktuellen Partner kennen, mit dem sie zusammenlebt.

Wie alles begann

Bei unseren ersten Gesprächen erzählte Frau S., dass sie im Alter von ca. 14 Jahren anfing, sich die Kopfhaut blutig zu kratzen und später die Haare auf den verkrusteten Stellen mitsamt Kruste auszureißen. Ihre schönen langen Haare, mit denen sie früher sogar als Modell für Coiffeure zu Verfügung stand, seien mit der Zeit dünner geworden und sie habe sie deswegen kurz schneiden müssen. In ihrer Pubertät fühlte sie sich insgesamt „schlecht in ihrer Haut", teilweise weil sie sich im Ausland aus ihrer Umgebung „herausgerissen" fühlte und bei der Rückkehr nach Europa ein Schuljahr wiederholen musste. Auch wirkte sich die Unzufriedenheit mit ihrem Aussehen, verstärkt durch negative Bemerkungen von anderen (wie z. B. von einer Nachbarin, die sie fragte, ob sie eine Chemotherapie hinter sich habe), negativ auf ihr Selbstwertgefühl aus.

Nachdem sie das zweite Studium abbrechen musste, erreichte die jetzt 25-jährige Frau S. einen psychischen Tiefpunkt und suchte psychotherapeutische Unterstützung. Während der 6-monatigen ambulanten Verhaltenstherapie entwickelte sie verschiedene Strategien, um dem Impuls zum Haareausreißen zu widerstehen. Zusätzlich bekam sie Unterstützung für den Umgang mit damaligen psychischen Belastungen, insbesondere ihren Ängsten und Insuffizienzgefühlen im Zusammenhang mit ihrer beruflichen Zukunft und Konflikten mit ihren Eltern wegen ihres „schulischen und beruflichen Versagens". Es fiel ihr jedoch schwer, nach Therapieabschluss die geübten Strategien weiterhin erfolgreich einzusetzen, sodass sie sich zumindest zeitweise weiterhin Haare ausriss. Ganz symptomfrei war sie nur während 3 Monaten, als sie sich einer Operation unterziehen musste und sich dadurch eine Pause von ihrem anstrengenden Schul- und Berufsleben gönnen konnte. Die Vereinbarkeit zwischen beruflicher Tätigkeit und Ausbildung wurde in den letzten 6 Monaten vor dem aktuellen Therapiebeginn infolge zunehmender Anforderungen im Studium und einem Chefwechsel schwieriger, und zeitgleich nahm auch das Haareausreißen deutlich zu. Hinzu kamen Schwindelsymptome, Ohnmachtsgefühle und Muskelschmerzen, die vor allem in Menschenmengen, aber gelegentlich auch alleine zu Hause auftraten und mit einem sehr unangenehmen Gefühl von Kontrollverlust einhergingen. Sie neigte dazu, diese Symptome als Zeichen einer unheilbaren Krankheit (z. B. ein Hirntumor oder eine Multiple Sklerose) zu interpretieren.

Die erste Therapieplanung
Im Rahmen der ersten beiden Abklärungsgespräche konnte die zusätzlich zur Trichotillomanie bestehende Symptomatik mit Schwindel- und Ohnmachtsgefühlen als Angstattacken im Rahmen einer Panikstörung erklärt werden. Weil dieser Aspekt für Frau S. zu dem Zeitpunkt sehr im Vordergrund stand, wurde gemeinsam beschlossen, dass sie zunächst eine Gruppentherapie zur Panikbewältigung besucht und erst in einem zweiten Schritt die Trichotillomanie angeht. Dafür sprach auch die Überlegung, dass sie im Bereich der Panikstörung vermutlich schneller fühlbare Erfolgsergebnisse erreichen konnte, was ihr Selbstwirksamkeitserleben stärken würde. Über die Möglichkeit einer zusätzlichen Pharmakotherapie wurde die Patientin informiert. Sie entschied sich für ein alleiniges psychotherapeutisches Vorgehen, was ihr auch als erste Wahl empfohlen wurde. Es wurde vereinbart, dass diese Möglichkeit dann wieder in Betracht gezogen würde, wenn es ihr im Verlauf der Therapie nicht besser oder sogar schlechter gehen sollte.

Therapiephase 1:
Kognitiv-verhaltenstherapeutische Panikbewältigungsgruppe
Während der 6 Gruppensitzungen (2.5 Stunden pro Sitzung) lernte Frau S., die verschiedenen Komponenten von Panik und Angst zu erkennen und aktiv zu beeinflussen. Gemeinsam mit den anderen Teilnehmern konnte sie verschiedene Bewältigungsstrategien auf der Verhaltens-, Gedanken-, Gefühls- und Körperebene üben und engagierte sich sehr für den Gruppenprozess. Die Angst vor einer somatischen Erkrankung trat in den Hintergrund, zudem konnte sie mit der Gruppenarbeit ein Gefühl von Kontrolle zurückgewinnen, und ihre Erfolge bei der aktiven Bewältigung ihrer Ängste ermutigten sie, auch ihre Trichotillomanie erfolgreich bekämpfen zu können.

Therapiephase 2: Sorgfältige Analysen der Trichotillomanie-Symptomatik
Anhand aktueller Situationen und einer systematischen Verhaltensbeobachtung im Alltag wurden mit Frau S. typische Auslöser, Handlungen und Konsequenzen identifiziert und teilweise schriftlich festgehalten.
Typischerweise fand das Haarereißen ausschliesslich in Situationen statt, in denen sich Frau S. unbeobachtet fühlte, meistens zu Hause, z. B. beim Lernen oder in der Nacht. Das Erscheinen einer Person führte immer zur Unterbrechung der Handlung. Tätigkeiten wie Telefonieren, Lesen oder Fernsehschauen, während denen ihre Hände nicht beschäftigt waren, erhöhten die Wahrscheinlichkeit, dem Impuls nachzugeben. Als besonders gefährlich wurde das Telefonieren im Schlafzimmer oder im Bad eingestuft, weil sich hier Frau S. im Spiegel betrachten und eventuelle Asymmetrien oder weisse Haare entdecken konnte. Kribbelgefühle auf der Kopf-

haut wurden als weitere Auslöser identifiziert. Auf der emotionalen Ebene beobachtete Frau S., dass sie sich vor dem Haarereißen oft gelangweilt fühlte, manchmal auch unsicher oder frustriert (z. B. in Bezug auf ihre berufliche Zukunft) oder sie war wütend und fühlte sich unverstanden (z. B. nach einer Diskussion mit ihrem Partner oder mit ihrer Familie). Mit der Zeit wurden Einsamkeitsgefühle als zusätzliche wichtige emotionale Auslöser identifiziert. Typische Gedanken hatte Frau S. vor allem während sie am Reißen war, oft mit Resignation verbunden: „Meine Haare fallen so oder so aus", „ich habe mich sowieso nicht im Griff" oder „es macht jetzt keinen Unterschied mehr".

Das Haarereißen fing meistens als automatisierte Handlung an, wobei sich Frau S. „beim Reißen ertappte" oder plötzlich realisierte, dass schon 10 Haare am Boden lagen. In der Regel riss Frau S. irgendein Haar aus der oberen oder seitlichen Kopfpartie aus, wobei sie in einer ebenfalls automatisierten Handlung die Wurzel betrachtete und zwischen den Fingern ihre Konsistenz prüfte. Eine „gelatineartige" Wurzel hatte eine gewisse Befriedigung zur Folge und steigerte den Impuls, weiter zu reißen. In den ersten Jahren ihrer Trichotillomanie hatte sie gerissene Haare abgebrannt oder die Wurzel abgetrennt, jetzt warf sie die Haare auf den Boden und liess sie dort liegen. Wenn sie ungestört war, riss Frau S. nicht selten bis 30 Minuten lang Haare aus, dann trat in der Regel eine Reduktion der gleichzeitig empfundenen inneren Anspannung auf. Begleitet war dies meist von Wut auf sich selber, Resignation und Gefühlen von Kontrollverlust. Eigene gedankliche Drohungen („Wenn du so weiter machst, wirst Du bald eine Perücke brauchen" oder „Wenn du so weitermachst, wirst du bald kahl sein, und es wird dich kein Mann mehr anschauen!") halfen ihr kaum, einen Reißanfall zu unterbrechen, sondern erhöhten ihre Gefühle von Kontrollverlust und Resignation.

Insgesamt waren die Impulse zum Haareausreißen vor und während ihrer Periode stärker. Weniger intensiv traten diese jeweils nach dem Haarewaschen auf, dann gelang es ihr meist, zumindest einen Tag lang keine Haare auszureißen. Nicht mehr ganz saubere Haare erhöhten das Kribbeln auf der Kopfhaut und somit den Impuls zum Reißen.

Um die kahlen Stellen zu verdecken, benutzte Frau S. ein Spray, das sie und auch ihr Partner aufgrund der färbenden Eigenschaften auf Hände, Kleider und Sofa als sehr unangenehm empfanden. Weil sie sich wegen ihrer kahlen Stellen schämte, hatte sich Frau S. in den letzten 5 Jahren vor niemandem ohne Spray gezeigt. Die einzige Ausnahme war ihr Coiffeur, der sich mit den ungünstigen Folgen von Trichotillomanie in Bezug auf das Aussehen auskannte und sie entsprechend beriet. Für die seltenen Besuche im Schwimmbad trug sie immer ein Kopftuch. Immer wieder dachte Frau S. an ihre schönen Haare zurück, was zu zusätzlicher Enttäuschung und Ärger beitrug. Sie fand sich unattraktiv und fühlte sich aufgrund ihrer für sie unbefriedigenden Frisur „nicht weiblich". Gefühle der Unzulänglichkeit in Bezug auf Weiblichkeit und Ästhetik vermischten sich mit beruflichem Versagen.

Eigene Kontrollversuche bei aufkommenden Impulsen, die hin und wieder gelangen, waren ein Ortwechsel (den Raum verlassen), das Aufsuchen anderer Personen, ihre Hände beschäftigen (z. B. mit Bügeln), Haushaltsarbeiten und Walken. Eher selten halfen Gegengedanken, wie die oben beschriebenen gedanklichen Drohungen gegenüber sich selbst.

Therapeutische Arbeit an den Trichotillomanie-Symptomen

Aufgrund der oben beschriebenen Analysen lernte Frau S., „gefährliche" Ausgangsbedingungen im voraus zu erkennen, was ihr ermöglichte, dem Haareausreißen vorzubeugen oder es schon ganz am Anfang zu stoppen. Sie stellte dabei fest, dass ihr ein Unterbrechen der impulsiven Handlung umso schwerer fiel, je länger sie wartete. Gemeinsam suchten wir nach Handlungen, die in solchen Situationen mit dem Haareausreißen inkompatibel waren: in der Bibliothek lernen, beim Telefonieren Zeichnen, Handschuhe anziehen, Kopftuch anziehen, Hände eincremen, Nagellack applizieren. Dies war Grundlage eines individuell angepassten Habit-Reversal-Trainings, wobei auf das Einüben eines Entspannungstrainings verzichtet wurde, da Frau S. schon im Rahmen der Panikbewältigungsgruppe die Progressive Muskelrelaxation nach Jacobson erlernt hatte. Gleichzeitig beobachtete Frau S., dass sie sich nicht in jeder potentiell „gefährlichen" Situation die Haare ausreißen musste, beispielsweise dann nicht, wenn sie an einer für sie spannenden Semesterarbeit schrieb.

Diese Erkenntnisse und ersten Erfolge halfen ihr, ein gewisses Kontroll- und Kompetenzgefühl zu verspüren und den Mut für eine von ihr geplante „drastische Wende" zu finden: Nach Absprache mit ihrem Coiffeur liess sie sich eine schöne Perücke anfertigen und rasierte sich den Kopf kahl. Gleichzeitig beschloss sie, sich in ihrer Wohnung ohne Perücke und ohne Spray ihrem Partner und Familie zu zeigen und abzuwarten, bis die Haare nachgewachsen waren. Ausserhalb ihrer Wohnung fühlte sie sich durch die neue Perücke wieder gepflegter und wohler in ihrer Haut. Sie beschloss, sich so 6 Monate Zeit zu lassen, um danach mit ihrem Partner auf eine Weltreise zu gehen und dann ohne Perücke einen neuen Lebensabschnitt zu beginnen. Sie fühlte sich voller Hoffnung und zum erstenmal seit langer Zeit glaubte sie daran, es schaffen zu können. Diese gebesserte Stimmung wirkte sich auch positiv auf die Symptomatik aus: obwohl sie ab und zu den Reißimpuls spürte, traute sie sich vermehrt zu, diesen zu beherrschen und dies gelang ihr auch zunehmend. Auch als die Haare nachzuwachsen begannen, riss sie kaum mehr (auch nicht an der Perücke). Sie befürchtete jedoch immer wieder, dass es wieder anfangen würde, falls die Haare nicht gleichmässig nachwachsen würden. Trotz ihren Befürchtungen gelang es ihr, während 6 Monaten kein einziges Haar mehr auszureißen. Ab und zu belohnte sie sich dafür, indem sie sich z. B. etwas kleines kaufte.. Während ihrer Reise übte sie, wieder ohne Perücke zu leben; sie liess sich bei ihrer

Rückkehr eine neue Frisur schneiden und war sehr stolz darauf, sich wieder mit weniger Spray zeigen zu können. Die positive Rückmeldung ihres Partners motivierte sie zusätzlich.

Therapeutische Arbeit am Hintergrund

Während der Therapie in Bezug auf das Haareausreißen wurde immer klarer, dass sich Frau S. vor allem an den Wochenenden, wenn z. B. ihr Partner Fussball spielte, einsam fühlte und dass sich diese negative Grundstimmung nicht nur auf das Haareausreißen, sondern auch auf ihr Selbstwertgefühl negativ auswirkte. Genau in dieser Stimmungslage spürte sie einen stärkeren Drang zum Haare ausreißen und konnte sich kaum vom Reißimpuls „ablenken". Auch kamen in diesem Zusammenhang Erinnerungen an ihre Kindheit hoch, in der sie ihren Vater, der oft geschäftlich unterwegs war, vermisste bzw. mit der Familie auf ihn wartete. Und auch an ihre Auslandaufenthalte, während denen sie sich unter den ihr unbekannten Kindern oft wie eine Aussenseiterin fühlte.

Zusammen mit Frau S. wurde die Hypothese diskutiert, dass das Haareausreißen als Symptom für unerfüllte Bedürfnisse stehen könnte. In diesem Sinne machte Frau S. das folgende Experiment: sie stellte sich bei jedem ausgerissenen Haar die Frage, welches die Botschaft dieses Haares ist. Für welches unerfüllte Bedürfnis steht es? Was brauche ich jetzt eigentlich? Im Alltag fiel es Frau S. anfangs schwer, diese Fragen zu beantworten, mit der Zeit erkannte sie jedoch verschiedene Bedürfnisse, welche sie sich bis dahin nicht oder nur bedingt erfüllen konnte: Bedürfnis nach Bindung und Nähe zur Familie, nach Harmonie, nach Etablierung in der Gesellschaft durch Erfolg im Beruf, nach finanzieller Sicherheit, nach Selbständigkeit. Ebenfalls wurden in der Therapie ein paar wiederkehrende „Denkmuster" entdeckt, die teilweise auf bisherige Erfahrungen beruhten und auf Frau S. einen starken Druck erzeugten. Zum Beispiel: „Ohne brillante Berufskarriere ist man nicht wirklich jemand" oder „Man muss stark sein – wer seine Schwächen zeigt, wird weniger geliebt"). In der Therapie konnte sie erkennen, dass solche „Gesetze" nicht in jeder Situation (bzw. nicht mit jeder Person) gültig waren und dass diese teilweise revidiert oder relativiert werden konnten.

Die Hypothese, dass die Trichotillomanie Frau S. kurzfristig von noch unangenehmeren Emotionen (z. B. vom Gefühl der inneren Leere) ablenkte wurde auch dadurch bestätigt, dass anfangs in der Zeit, als Frau S. ihre Haare nicht mehr ausriss, ihre übermässigen Gesundheitssorgen in wieder auftauchten. Sie schien etwas anderes zu brauchen, das sie von ihren dahinter stehenden noch unangenehmeren Gefühlen ablenkte. Indem dies so betrachtetet wurde, konnte sie erkennen, dass es für sie langfristig günstiger ist, wenn sie zu ihren eigentlichen Wünschen und Bedürfnisse steht. Einige davon konnten direkt angegangen werden, so konnte sie mit ihrem Partner über ihre Einsamkeitsgefühle reden und einige Kompromisse finden.

Der „Rückfall"

Nachdem Frau S. während 6 Monaten keine Haare mehr ausgerissen hatte, verspürte sie vermehrt wieder den altbekannten Impuls. Durch Stress im Beruf (Stellenwechsel) und in ihrer Ausbildung (anstehende Prüfungen) stiegen die innere Anspannung und die Zukunftsängste wieder. Schleichend fing sie wieder an zu reißen, was bei ihr Enttäuschung und Resignation auslöste und den altbekannten Teufelskreis wieder aktivierte. Vor allem gedanklich machte sie sich selbst das Leben schwer und beschäftigte sich zunehmend mit Katastrophenszenarien. So dachte sie unter anderem: „Meine zukünftigen Kinder werden auf dem Spielplatz erzählen, dass sich ihre Mutter alle Haare ausgerissen hat". Auch sank ihre Motivation, „ständig weiterzukämpfen" und dem Impuls regelmässig Widerstand zu leisten. In dieser Phase bekam die Trichotillomanie wieder die wichtige Funktion der kurzfristigen Spannungsreduktion und Ablenkung („Ich brauche doch ein Ventil ..."). In dieser Zeit fiel es Frau S. besonders schwer, Alternativen zum generellen Spannungsabbau, wie z. B. körperliche Bewegung und soziale Kontakte zu vertrauten Menschen, regelmässig einzusetzen. Wie auch schon früher war für sie der Umgang mit ihrer Einsamkeit besonders schwierig, zumal ihr Partner wegen einer berufsbegleitenden Ausbildung noch öfter abwesend war. Obwohl die Symptomatik weniger ausgeprägt war als ein Jahr früher, fühlte sich Frau S. durch den Rückfall sehr entmutigt. Sie fühlte sich schuldig und wütend auf sich selber, weil sie „alles wieder kaputt machte" und „eigentlich glücklich sein musste".

In dieser (zeitlich absehbaren) Phase von erhöhtem Stress half ihr schliesslich, zumindest teilweise, die bessere Planung ihrer eigenen Tagsstruktur, z. B. sich an ihren Lerntagen mit jemandem zum Mittagessen zu treffen. Auch vertiefte sie in Therapie nochmals, bewusst zwischen kurzfristigen/direkten und langfristigen/indirekten Veränderungsmöglichkeiten zu unterscheiden. In die erste Kategorie („Feuerlöschen") fielen die Techniken, die sich in der therapeutischen Arbeit bewährt hatten, ansonsten aber nicht für jedermann verständlich sind. Diese funktionierten zwar auch wieder, hinterliessen aber bei ihr oft einen unbefriedigenden Eindruck von „es geht nie weg". In diesem Zusammenhang wurde in der Therapie versucht, auch kleine Erfolge wahrzunehmen und zu belohnen, statt diese als selbstverständlich zu betrachten, und die aktuelle Phase in einem grösseren Rahmen zu sehen, im Sinne eines für sie auch wertvollen Prozesses. In die zweite Kategorie fiel die mehrfach angesprochene Notwendigkeit, eigene Bedürfnisse wahrzunehmen, dazu zu stehen und durchzusetzen, was in einer Phase von erhöhtem Stress aber nur bedingt möglich war. Frau S. musste feststellen, dass sie mit der Trichotillomanie-Symptomatik einen Preis dafür bezahlte, dass diese Zeit jedoch absehbar war und dass ihr kurzfristig Möglichkeiten zur Verfügung standen, um „den Schaden zu begrenzen".

Ausblick
Obwohl Frau S. im Rahmen der jetzt 1-jährigen Therapie eine 6-monatige symptomfreie Phase erlebte, trat die Trichotillomanie in einer Zeit von vermehrtem Stress wieder auf, wenn auch abgeschwächt. Trotz ihrer Enttäuschung kannte sich Frau S. bei diesem „Rückfall" mit ihren typischen Auslösern und Verhaltensweisen aus und wusste, was sie kurzfristig tun konnte, um möglichst wenig zu Haare auszureißen. Sie wusste nun aber auch, dass die Reißimpulse nicht durch ihren Willen allein gestoppt werden können und dass sie die indirektere, schwierigere Ebene der unerfüllten Bedürfnisse für einen langfristigen Effekt weiter miteinbeziehen musste. Sie war zuversichtlich, dass sie nach Ablauf der Prüfungszeit diesem Aspekt wieder Achtung schenken würde und damit die Symptome noch besser in den Griff bekommen würde.

Therapieverlauf und Resümee aus der Sicht von Frau S.
Zu Beginn meiner Therapie befand ich mich am Tiefpunkt meines Lebens. Gefühle der Resignation vermischten sich mit einem Gefühl des Selbsthasses. Trotz negativer Emotionen herrschte in mir aber auch ein Funken Hoffnung auf Besserung meiner Lebenssituation (bezogen auf meine Ängste und der Trichotillomanie), da mir bewusst war, dass der Tiefpunkt erreicht war und nur eine Besserung eintreten kann, wenn ich mich meinem Leben stelle. Ich betrachtete diesen Zeitpunkt als ideal, um es erneut mit einer Therapie zu versuchen.
Der Entschluss, mir den kümmerlichen Rest meiner Haare zu rasieren, war bereits zu Beginn der Therapie gefasst. Einen dermassen radikalen Schritt zu wagen erfüllte mich mit Stolz und rief in mir ein Gefühl der Erleichterung, endlich von diesen scheusslichen Haaren befreit zu sein, hervor. Mir war klar, dass diese Methode eine vorübergehende Symptombekämpfung bedeutete und keine nachhaltige Ursachenbekämpfung. Trotzdem erfüllte mich die Kahlrasur mit Hoffnung. Um die kosmetischen Unzulänglichkeiten zu verstecken, kaufte ich mir eine Perücke. Zu dieser Perücke entwickelte ich ein ambivalentes Verhältnis. Einerseits führte sie mir vor Augen, wie ich mit vollem Haar aussehen könnte und rief somit wieder Gefühle der ästhetischen Unzulänglichkeit hervor, andererseits erlaubte sie mir, mich ohne Probleme in der Öffentlichkeit zu zeigen.
Während der Therapie lernte ich mich besser zu beobachten. Emotionen, die gewisse Situationen hervorriefen, konnten besser eingeordnet werden. Im Zuge der Selbstbeobachtung bemerkte ich auch, dass selbst mit einem kahlen Haupt gewisse Reißimpulse nicht vollkommen verschwanden. Mir fiel auf, dass die Anfangsphase der Therapie, welche mit neuen Hoffnungen auf eine Verbesserung meiner Situation einherging, sich auch positiv auf mein Reißverhalten auswirkte. In dieser Zeit genügten positive Suggestionen, meinem Reißzwang Einhalt zu gebieten. Es bedurfte anfänglich keiner grossen Techniken, um den Reisimpuls zu unterdrü-

cken. Mit Fortschreiten der Therapie und Abklingen der ersten euphorischen Phase brauchte ich aber mehr, als nur positive Gedanken, um mich vom „Haareausreißen" abzulenken. In dieser Zeit lernte ich in der Therapie Taktiken einzusetzen, die in „gefährlichen" Situationen zur Anwendung kommen sollten. Trigger waren bereits zu Beginn der Therapie bekannt, so dass schon präventiv gewisse Vorkehrungen getroffen werden konnten. Im Verlaufe der Therapie zeigte sich, dass trotz des Einsatzes gewisser Hilfsmittel gegen das Reißen, wie das Tragen eines Kopftuches oder Handschuhe, Applikation von Nagellack, etc. das probateste Mittel, neben dem Verlassen der Wohnung, das Tragen der Perücke war/ist. Auch jetzt wo ich mich in einem Lebensabschnitt mit erhöhtem Stress befinde und das „Haareausreißen" wieder eine zentralere Rolle innerhalb meines Lebens eingenommen hat, hilft mir das Tragen der Perücke, den Reißimpuls zu überwinden.

Die Therapie hat mir geholfen, meine Emotionen besser einzuordnen, mich zu hinterfragen, was die Ursachen für mein Verhalten sein könnten. Zusätzlich hat sie mich gelehrt, Gefahrenherde früher zu erkennen, so dass ich mich nicht immer hilflos diesem Drang des Haareausreißens ausgeliefert sehe. Ausserdem treffe ich mich im Rahmen einer Selbsthilfegruppe ein Mal pro Monat mit Trichotillomanie-Betroffenen. Durch den gemeinsamen Austausch von Erlebtem lässt sich der Leidensdruck minimieren.

Fallbericht Cordula

von Veit Rößner

Die inzwischen 16-jährige Cordula wurde im Alter von einer Woche von ihrer Mutter zur Adoption freigegeben und lebt seitdem zusammen mit ihren soziologischen Eltern in einem eigenen Haus. Schon mit dem Besuch des Kindergartens fiel auf, dass Cordula ein großes Mitteilungsbedürfnis hatte und bei Gesprächen oft auch den Ton angeben wollte. Bei daraus resultierenden Konflikten zog sie sich immer häufiger zurück und spielte lieber alleine. Trennungsangst beim Kindergartenbesuch bestand ebenso wie weitere psychische oder Verhaltensauffälligkeiten (z. B. Ängste, Zwänge etc.) nicht. Die Meilensteine der kindlichen Entwicklung wurden zeitgerecht erreicht, ein leichtes Lispeln ist bis ins Jugendalter zu beobachten. Die bereits im Kindergarten zu beobachtenden Interaktionsmuster setzten sich bis zur Orientierungsstufe fort und führten neben einer nicht mehr nur situationsabhängigen Ablehnung durch die Gleichaltrigen auch zu einer mehr generellen Ausgrenzung im dörflichen Umfeld. Allerdings besaß Cordula außerhalb von Kindergarten und Schule stets Freundschaften. Aktivierungsversuche durch die Eltern wie Besuch von Sportverein, Musikgruppe etc. führten in den besuchten Gruppen zu ähnlichen Problemen wie in Kindergarten und Schule. Mit zunehmendem Alter, besonders zu Beginn der Pubertät, sei Cordula noch emotionaler und aufbrausender geworden. Bei Streit mit den Eltern sei sie auch einige male von zuhause weggelaufen. Das Leistungsniveau der Patientin in der Realschule war durchschnittlich, die Nichtumsetzung der Hauptschulempfehlung scheint keine negativen Auswirkungen zu zeigen. Stärken besitzt Cordula im musischen Bereich, wo sie auch Anerkennung und Bestätigung findet.

Cordula hat erstmals zum Ende der 4. Klasse – auch für sie eher unbemerkt – ca. 5–10 Haare ausgerissen. Da sich dieses Verhalten mehrmals am Tag und vor allem während des Schlafes wiederholte, fielen in einem Skiurlaub den Eltern erstmals kahle Stellen an Cordulas Kopf auf. Sowohl Patientin als auch Eltern beobachteten übereinstimmend eine Entlastung während der Sommerferien mit Abnahme der Symptomatik und anschließender erneuter Zunahme im Verlauf des Schuljahres. Parallel zur erneuten Zunahme der Frequenz des Haareausreißen kam es zu Stigmatisierung, vor allem als durch Frisurtechniken kein Kaschieren der entstandenen kahlen Stellen mehr möglich war.

Zwei mögliche ursächliche Faktoren sind offensichtlich: Vor allem mit Beginn des Schulbesuchs in der ersten Klasse kam es immer häufiger zur Ablehnung Cordulas durch die Klassengemeinschaft. Dieses Verhalten Gleichaltriger hat sich aufgrund des eher kleinstädtischen sozialen Umfeldes bereits auf fast alle Alltagssituationen übertragen. So erfährt Cordula von der überwiegenden Mehrzahl der Gleichaltrigen sowohl in der Schulsituation als auch im Alltag eine massive Ablehnung, was sie sehr belastete. Cordula fühlte sich immer häufiger verlassen, traurig und musste weinen.

Als weitere Belastung kann angesehen werden, dass bis vor kurzem im Familienrahmen Adoption durch ihre jetzigen, soziologischen Eltern nicht thematisiert wurde.

Aufgrund der sich zuspitzenden Problematik kam es kurz vor Cordulas 12. Geburtstag zu einer ersten stationären kinder- und jugendpsychiatrischen Behandlung. Ziel der Behandlung stellten das Haareausreißen sowie ihre Schwierigkeiten in der sozialen Interaktion mit Gleichaltrigen dar. Beide Ziele können trotz Cordulas großen Heimwehs teilweise erreicht werden. Leider kommt es aber aufgrund des Heimwehs und der Unzufriedenheit der Familie mit der „zu wenig spezialisierten" Behandlung vorzeitig zur Entscheidung, die weitere Behandlung ambulant fortzusetzen.

Zusätzlich zur ambulanten Psychotherapie wird wegen erneuter Zunahme des Haareausreißens und der Konflikte mit Gleichaltrigen und Familie eine medikamentöse Behandlung mit dem Serotonin-Wiederaufnahme-Hemmer (SSRI) Paroxetin begonnen.

In der ambulanten Psychotherapie konnte aufgeklärt werden, dass Cordula und Eltern aus Rücksicht vor den möglichen negativen Gefühlen der anderen die Adoption nicht thematisierten. Gemeinsam wurde daraufhin beschlossen, einen Termin beim Jugendamt zu vereinbaren. Bei diesem wurden sämtliche vorliegenden Informationen und eine Fotographie der leiblichen Mutter an Cordula weitergegeben. Im weiteren Verlauf fühlte sich Cordula zusätzlich durch den Besuch der Selbsthilfegruppe Trichotillomanie entlastet und nicht mehr als Außenseiterin. Das Abrasieren sämtlicher Haare für mehrere Wochen führte auch zu einer Abnahme des Drangs, sich Haare auszureißen.

In der Summe führten alle diese Veränderungen und Therapiemaßnahmen wahrscheinlich zur erlebten Entlastung, sodass das Haareausreißen von Cordula zunehmend kontrolliert werden konnte. Als Alternativhandlung kaute Cordula jedoch immer exzessiver an ihren Nägeln. Da weiterhin Probleme mit innerer Anspannung, im Kontakt mit Gleichaltrigen, im Umgang mit der Ablehnung durch

Gleichaltrige, mit dem Drang des Haareausreißens sowie mit dem neu aufgetretenen Nägelkauen bestanden, entschloss sich die Familie zu einer erneuten stationären kinder- und jugendpsychiatrischen Behandlung.

Auch hier äußerte Cordula mit ihren inzwischen 16 Jahren massives Heimweh mit Gedanken, die Therapie abzubrechen. Dieser Forderung konnten sich die Eltern aber im Gegensatz zur ersten stationären Behandlung entgegenstellen. Cordula zeigte während des gesamten stationären Aufenthaltes keinerlei Tendenzen zum Haareausreißen. Das von ihr als Ersatzhandlung durchgeführte exzessive Nägelkauen konnte rasch verhaltenstherapeutisch behandelt werden. So standen Cordulas Schwierigkeiten im Umgang mit Gleichaltrigen, aber auch Mitarbeitern der Station im Vordergrund. Die bereits oben geschilderte grenzüberschreitende, einnehmende Art wurde in den Therapiestunden thematisiert und von Cordula zunehmend selbst erkannt. Diesbezüglich wurden Selbstmonitoring, alternative Verhaltensweisen und vermehrte Rückfragen zur verbesserten Selbsteinschätzung bei vertrauten Personen durchgeführt. Hierunter kam es zu einer schrittweisen, adäquateren sozialen Interaktion. Bei der genauen Diagnostik fiel auf, dass Cordula häufig Konfliktsituationen aus dem Weg ging, indem sie bei sozialen Konflikten sich mit ebenfalls eher außenstehenden Gruppenmitgliedern bzw. Außenstehenden anderer Gruppen zusammenschloss. Mit der Zimmernachbarin Cordulas gab es von Beginn an heftige Auseinandersetzungen. Diese meisterte Cordula zunehmend besser und reagierte altersentsprechend und angemessen – ohne wie sonst für sie typisch – aus der Situation zu flüchten bzw. sich zurückzuziehen.
Zu Mitte der stationären Therapie wurde deutlich, dass Cordula seit langem starke Angst vor Dunkelheit besitzt. Diese und ähnliche Ängste sind ebenfalls bei der Mutter zu beobachten. Durch entsprechende verhaltenstherapeutische Maßnahmen war Cordula zum Entlassungszeitpunkt in der Lage, bei Dunkelheit Einkäufe alleine in nahe liegenden Geschäften durchzuführen.

Da weder Haareausreißen noch die „Ersatzhandlung" Nägelbeißen auch unter Belastungssituationen (Konflikte mit Mitpatientin etc.) nicht wieder auftraten, die Angst vor Dunkelheit nahezu vollständig reduziert wurde und Cordulas Interaktionsverhalten deutliche Fortschritte zeigte, wurde sie nach hause entlassen. Dort wurde die Belastungserprobung im schulischen Alltag fortgeführt, ohne dass es bisher zu Rückfällen kam. Die Testung der allgemeinen Lern- und Leistungsmöglichkeiten hatten einen Verbleib auf der Schule nahegelegt. Die vor der stationären Aufnahme begonnene ambulante Psychotherapie und Medikation sollte zur weiteren Stabilisierung bzw. Rückfallprophylaxe fortgeführt werden.

Aus Verzweiflung wächst positive Kraft – Leben mit Trichotillomanie

von Antonia Peters

Ich habe mich immer wieder gefragt, warum? Habe nach Ursachen geforscht! Habe versucht den Impuls zu stoppen! In guten Phasen konnte ich das Reißen unterdrücken. In schlechten Phasen war ich verzweifelt, schämte mich, zog mich von Menschen zurück. Ich begann Lügengeschichten zu erzählen, um meine kahlen Stellen am Kopf zu erklären. Mit Mitte 20 folgte die erste Verhaltenstherapie, danach eine stationäre Therapie und schließlich eine Körpertherapie. Keiner der Therapeuten erklärte mir meine „Macke" bzw. hatte einen Namen dafür. Auch wenn all diese Therapieversuche mir für kurze Zeit Linderung brachten, das Symptom kam immer wieder zurück. Damals hatte ich die Hoffnung aufgegeben, dass mir noch irgendjemand oder irgendetwas helfen würde. Erst 1997, nach 25-jähriger Leidenszeit, erfuhr ich aus der Presse, dass ich an „Trichotillomanie" litt und das UKE in Hamburg eine erste Studie da zu durchführte. Ich nahm an dieser Studie teil und machte anschließend am UKE eine ambulante Verhaltenstherapie. Durch diese Therapie wurde mir bewusst, dass ein Zusammenspiel von vielen Ereignissen meine Trichotillomanie begünstigt hat.

***

Im März 1958 kamen meine Zwillingsschwester und ich 2 ½ Monate zu früh zur Welt. Meine Schwester starb nach 6 Wochen, und ich verbrachte noch 5 Monate im Brutkasten. Dass ich durch Sauerstoffmangel während der Geburt rechtsseitig gelähmt bin, erkannte zu diesem Zeitpunkt niemand.
Erst im Alter von zwei Jahren, als ich immer noch nicht selbständig laufen kann, bemerken meine Eltern, dass mein rechtes Bein verkürzt ist, ich deshalb eine Schiene tragen muss.
Meine Kindheit ist behütet und unbeschwert. Ich bekomme eine weitere Schwester und darf mit 3 Jahren in den Kindergarten gehen. Diesen Kindergarten besu-

chen Kinder mit Körperbehinderungen. Er ist der erste dieser Art in Hamburg. Auffällig ist schon damals, dass ich mich sehr an meine Betreuerinnen „hänge" und versuche, mich bei ihnen einzuschmeicheln. Wahrscheinlich hatte ich den Wunsch, später auch mal „Kindertante" werden zu wollen.

Um die Schiene loszuwerden und mir ein sicheres Stehen und Gehen zu ermöglichen, werde ich kurz vor meiner Einschulung an der Archillessehne operiert. Über ein halbes Jahr liege ich mit einem schweren Gipsbein Zuhause. Ich bin so eingeschränkt, dass ich während dieser Zeit den Kindergarten nicht besuchen kann. Ich bin deshalb sehr launisch und unzufrieden mit mir und der Situation. Auch die Zeit nach dem Gips ist sehr schmerzhaft und anstrengend für mich.

Im Frühjahr 1965 werde ich eingeschult. Nach Rücksprache mit Ärzten, Erziehern und Psychologen, besuche ich eine Sonderschule für Körperbehinderte. Hier konnten Lehrer und Erzieher besser auf die Bedürfnisse und Fähigkeiten der Kinder eingehen. Gleichzeitig werden wir durch Krankengymnastik, und Ergotherapie in unserer Beweglichkeit gefördert und geschult. Durch gezielte Gehübungen lerne ich, ohne Schiene zu laufen.

Was meine schulischen Leistungen betrifft, tue ich mich in den ersten 3 Jahren sehr schwer. Besonders das Lesen und Schreiben bereitet mir viel Mühe. Oft sitzt meine Mutter nach der Schule mit mir Zuhause und übt Lesen und Schreiben. Ich finde das sehr ungerecht, weil ich viel lieber mit meiner Schwester gespielt hätte.

Meine Schwächen versuchte ich immer mit „lieb sein" Freundlichkeit und angepasstem Verhalten auszugleichen. Es war mir sehr wichtig, dass besonders die Lehrer und Erzieher mich wahrnahmen und mochten. Außer in der Schule hatte ich wenig Kontakte zu anderen, nichtbehinderten Kindern. Denn wenn ich am späten Nachmittag nach Hause kam, war keine Zeit mehr, um Freunde zu treffen. Die Schule war ein kleiner geschützter Ort, der kaum Kontakte nach Außen pflegte. Kurz bevor ich in die 5. Klasse versetzt wurde, musste ich wegen großer Druckstellen an den Fußballen ins Krankenhaus. Hier lag ich vier Wochen gemeinsam mit 3- und 5-jährigen Jungen im Zimmer. Im Gegensatz zu mir konnten beide aufstehen und trieben deshalb ihre Scherze mit mir. Ich war froh, als ich endlich wieder nach Hause durfte. Doch 4 Monate später wurde ich wieder „weggeschickt"!

Trichotillomanie

1970 Mit 12 Jahren war ich nach Meinung der Ärzte leicht untergewichtig, weshalb ich für 6 Wochen zu einer Kinderkur nach Lüneburg geschickt wurde. Es war das erste Mal, dass ich so lange von meinen Eltern getrennt war, weil Besuche unerwünscht waren. Ich litt furchtbar unter Heimweh, was ich aber nach außen nicht zu zeigen wagte. Außerdem hatten mir die Betreuer die „ehrenvolle" Aufgabe übertragen, mich um meine Klassenkameradin zu kümmern. Da wir die einzigen behinderten Kinder waren, wurden wir von den anderen Kindern oft gehänselt, und die Betreuerinnen schlossen uns von Ausflügen aus, da sie ihrer Meinung nach zu anstrengend für uns seien.

Ich lag abends im Bett, fühlte mich einsam, traurig, sehnte mich nach Liebe und Anerkennung, und da zog ich mit der linken Hand an den Haaren. Die zwei, drei ausgerissenen Haare strich ich erst genussvoll über die Lippen, bevor ich sie dann schließlich zerbiss und hinunterschluckte.

Danach fühlte ich mich weniger traurig und einsam und das Kauen auf meinen Haaren war von da an der höchste Genuss für mich.

Ärgerlicherweise kam gerade eine Betreuerin ins Zimmer. Sie sah, was ich tat und fing augenblicklich zu schimpfen an. Ich solle meine Haare in Frieden lassen, aufhören damit, sonst würde ich später einmal ganz große Probleme damit bekommen. Ich war wütend auf diese Frau, mochte sie sowieso nicht und reagierte bockig, dass das meine Haare seien und sie mich in Ruhe lassen solle.

Indirekt hat mir diese Frau aber zu verstehen gegeben, dass man das Haareziehen auf keinen Fall in Gegenwart anderer tun darf, denn sonst gäbe es nur Auseinandersetzungen.

In den folgenden Jahren riss ich jedenfalls heimlich. Entweder abends im Bett oder im Bad oder an Orten, wo keiner was mitbekommen konnte.

Das Reißen benutzte ich als Blitzableiter, wenn aggressive Gefühle hochkamen, ich Einsamkeit spürte oder das Gefühl hatte, den Anforderungen anderer nicht zu genügen.

Erst nach zwei Jahren bemerkte meine Mutter erste lichte Stellen hinter beiden Ohren. Sie fragte zwar warum, wusste aber nicht, was sie tun sollte. Sie ging mit mir zum Friseur, der mir die erste Dauerwelle verpasste und auf meine kahlen Stellen mit Mitleid und Besorgnis reagierte. Weder meine Mutter noch ich erzählten, dass ich mir die Haare selbst ausriss.

1974 Als ich mit 16 Jahren die Schule wechselte, waren die Stellen hinter den Ohren größer geworden. Von einem Lehrer wurde ich auf die kahlen Stellen angesprochen. Es war mir furchtbar peinlich. Ich log ihn an, dass mir die Haare ausfallen würden, und fühlte mich ganz schlecht dabei.

Es kam mir so vor, als wenn alles, was ich sagte, machte oder wofür ich mich interessierte, nicht gehört und verstanden wurde. Ich begann mich aus dem Familienleben immer mehr zurückzuziehen. Baute mir meine eigene kleine Welt auf. Ich schwärmte zu der Zeit für den amerikanischen Sänger Neil Diamond, der mich zu Fantasiegeschichten inspirierte. Bald begann ich diese Geschichten aufzuschreiben und lebte nur noch in dieser Welt, wo es für mich ganz viel Anerkennung, Liebe und Vertrauen gab. Kontakt zu Gleichaltrigen hatte ich nur zu meinen Schulkameraden.

1975 Gegen den Rat meiner Eltern und Lehrer begann ich eine Ausbildung zur Kinderpflegerin und fing an, Kopftücher zu tragen, damit niemand meine immer größer werden Stellen entdeckte. Meine Ausreden bezüglich meiner Kopfbedeckung wurden immer abenteuerlicher. Ich sprach von Hormonstörungen, Unverträglichkeit von Medikamenten oder von meiner Behinderung. Ständig hatte ich zu dieser Zeit das Gefühl, nicht gut genug zu sein und deswegen die Ausbildung nicht schaffen zu können. Und wegen meiner Lügereien quälten mich ständig Schuldgefühle, was das Reißen noch verstärkte.

1980 Meine Ausbildung hatte ich abgeschlossen, ich war jetzt Erzieherin. Vor meinem ersten Bewerbungsgespräch kaufte meine Mutter mir die erste Perücke. Vergeblich hatte sie in den Jahren zuvor versucht, mir das Reißen abzugewöhnen. Sie hatte es mit Schimpfen, Strichlisten, Kalendern oder Belohnungen versucht. Nichts hatte geholfen. Spätestens nach drei Tagen waren meine innere Anspannung so groß, dass ich gar nicht anders konnte als zu reißen.
Mit der Perücke hätte ich viel bessere Chancen, eine Stelle zu bekommen, meinte meine Mutter. Sie hatte recht, ich bekam die Stelle und wurde als Erzieherin eingestellt. Die Perücke hatte Vorteile, aber auch große Nachteile. Der Vorteil war, dass ich mich endlich mal vollkommen fühlte. Ich hatte Haare wie jeder andere Mensch auch. Die Nachteil war, dass ich bei Sturm, Regen aber auch bei großer Wärme Angst hatte, sie würde verrutschen.
Aber ich entwickelte auch große Ängste vor Körperkontakt und Nähe. Das bei einem Beruf, in dem Kinder immer wieder mit mir toben und schmusen wollten. Ich ließ mich damals wohl nicht genügend auf die Bedürfnisse der Kinder ein, was zu Auseinandersetzung mit Eltern und Kollegen führte. Es war so schlimm, dass ich an meinen pädagogischen Fähigkeiten zu zweifeln begann und in der Folge noch mehr riss. Ähnlich verhielt es sich in meinem Privatleben. Ich wünschte mir nichts sehnlicher, als endlich einen liebe- und verständnisvollen Partner an meiner Seite. Ergaben sich jedoch doch mal Gelegenheiten, jemanden näher kennen zulernen, gab ich mich reserviert und abweisend. Schuldgefühle plagten mich, und ich fühlte mich immer kleiner. Fatal war dann, dass ich Zuhause die Perücke vom Kopf riss, wie von Sinnen an den Haaren zog und am nächsten Morgen das Ding wieder aufsetzen konnte, als sei nichts gewesen.

1984 Im Frühjahr machte ich eine erste orthopädische Kur in der Weserberglandklinik in Höxter. Von Anfang an war ich darauf bedacht, dass niemand mitbekam, dass ich eine Perücke trug. Zum Glück bewohnte ich ein Einzelzimmer. Jeden morgen stand ich aber eine halbe Stunde vor dem Wecken auf, um meine Perücke aufzusetzen. Wenn ich Wasseranwendungen bekam, ging ich immer mit Badekappe ins Bad. Es war ein regelrechtes Spießroutenlaufen für mich. Am Ende des Aufent-

halts meinte der Stationsarzt, ich solle zusehen, schnell dieses „Ding" wegzukriegen. Ich schämte mich in Grund und Boden.
Und als nach meiner Rückkehr mir zweimal im Spiel die Kinder die Perücke auch noch vom Kopf zogen, entschied ich mich, dass Teil so schnell wie möglich loszuwerden. Ich begann regelmäßig, mir abends den Kopf mit Haarwasser und Haaröl einzureiben. Ich versuchte das Haarereißen einzudämmen, die Haare wuchsen wieder nach. Allerdings an einigen Stellen weiß, was mich extrem störte und dazu führte, dass ich immer öfter die weißen Haare herausriss.

Zum Jahreswechsel vernichtete ich dann in einem richtigen Ritual meine Perücke. Ich zerschnitt sie im Beisein meiner Schwester in tausend kleine Teile und schwor, niemals mehr eine Perücke tragen zu wollen.

1985 Fast ein Jahr verlief mein Leben in ruhigen Bahnen, so dass keine kahlen Stellen zu sehen waren. Ich fühlte mich wie befreit, aber Gefühle konnte ich gegenüber anderen immer noch nicht mehr zeigen. Sie waren wie eingefroren. Das war besonders bedauerlich, als dass ich verliebt war und mit meinem Freund, mit dem ich heute noch zusammen bin, zusammen kam. Vielleicht fing ich auch deswegen wieder an zu reißen? Schließlich erzählte ich meinem Freund davon. Wir diskutierten viel darüber und suchten nach Gründen. Mein Partner war sehr verständnisvoll, und nahm mich, trotz der kahlen Stellen, überall mit hin. Das auch er bei so manchen Leuten in Erklärungsnöte kam, ahnte ich nicht. Erst viele Jahre später berichtete er mir davon.

Das Reißen war wieder so schlimm geworden, dass ich mich entschloss, endlich professionelle Hilfe in Anspruch zunehmen. Zu den kahlen Stellen hinter den Ohren waren zwei weitere Bereiche dazu gekommen. Der Oberkopf und der Pony. Der von mir aufgesuchte Neurologe überwies mich zu meiner ersten ambulanten Verhaltenstherapie. Hier ging es hauptsächlich darum, mein Selbstvertrauen und Selbstbewusstsein zu stärken. Oft besprachen wir Konflikte aus meinem beruflichen Alltag. Das Haarereißen war nie Thema. Nach zwei Jahren beendete ich die Therapie.

1988 Es ging mir eine Zeitlang besser, bis meine Eltern einen schweren Autounfall hatten und ich oft zwischen Stuttgart und Hamburg hin und her pendelte, um meine Eltern zu besuchen.
Die Ängste, aber auch Überforderung und Stress führten dazu, dass das Reißen wieder zu nahm. Ich vertraute mich zum ersten Mal meinem Hausarzt an, der dann eine psychosomatische Kur für mich beantragte. Ich kam in eine Klinik nach Bad Wildungen. Hier nahm ich an Einzel- und Gruppentherapien teil. Versuchte mit Musik-, Ergo-, Mal- und Sporttherapie dem Haareausreißen zu Leibe zu rücken.

Aber ich stieß eher auf Unverständnis wegen meines Ticks. Besonders der Chefarzt konnte überhaupt nicht verstehen, warum ich mir selbst an den Haaren zog. Sein Kommentar dazu war: „Wie kann man nur so blöd sein und sich bei Problemen die Haare ausreißen". Am Ende meinte er, nur eine langwierige Psychoanalyse könnte mir helfen. Das einzig Positive, was ich aus diesem 8-wöchigen Aufenthalt mitnahm war, dass man mir empfahl, auf Grund meiner Behinderung, meine Stundenzahl von 38,5 Stunden auf 30 Wochenstunden zu reduzieren, und dass ich in einem 2 stündigen Kurs die Kunst der Seidenmalerei kennen lernte.

Im Kindertagesheim gestand man mir nach meiner Rückkehr dann täglich eine 1½-stündige Mittagspause zu, bei vollen Lohnausgleich. Die Seidenmalerei machte mir soviel Spaß, dass ich Zuhause viele Stunden meiner Freizeit mit Malen verbrachte. Vielleicht hoffte ich auch, endlich eine sinnvolle Strategie gegen das Haareausreißen gefunden zu haben.

Aber spätestens beim nächsten Konflikt oder Überforderung riss ich wieder an meinen Haaren. Das Reißen hatte sich schon so verselbstständigt, dass ich es gar nicht mehr lassen konnte. Oft saß ich abends auf meinem Sofa, ließ den Tag im Kindergarten noch mal Revue passieren, und riss dabei gedankenverloren an meinen Haaren. Häufig passierte es auch beim Fernsehschauen. Es war ein tranceähnlicher Zustand, aus dem ich erst erwachte, wenn ein Geräusch, wie das Klingeln des Telefons, zu hören war. Danach quälten mich oft Schuldgefühle. Warum konnte ich diese nervige Angewohnheit nicht einfach lassen. Alles andere in meinem Leben hatte ich doch auch geschafft.

1990 Ende des Jahres starb meine Mutter an Krebs. Ich litt sehr unter dem Verlust. Gleichzeitig glaubte ich, dass das Reißen endlich ein Ende haben würde. Denn insgeheim hatte ich all die Jahre meiner Mutter die Schuld dafür gegeben. Durch ihre strenge Erziehung hatte sie mich zwar zur Selbstständigkeit erzogen, aber körperliche und seelische Nähe hatte ich nie so richtig empfunden. Ich hatte eher den Eindruck, dass sie meine jüngere Schwester mehr liebte, weil sie ja körperlich gesund war. Nicht nur das Reißen nahm nach dem Tod meiner Mutter wieder zu, sondern auch eine innere Unruhe und Unzufriedenheit in meinem Beruf.

Ich begann mit psychosozialen Fortbildungen und einer Körpertherapie. Durch Berührungen und Handauflegen bekam ich Zugang zu inneren Bildern, die mich Jahrelang geprägt und teilweise belastet hatten. Da war die sehr ambivalente Beziehung zu meiner Mutter. Die Verabschiedung von meiner Zwillingsschwester, die sechs Wochen nach unserer Geburt verstorben war und eine innere Leere hinterlassen hatte.

Da war aber zur Hauptsache meine eigene körperliche Behinderung, die zur Folge hatte, dass ich meine rechte, beeinträchtigte Seite immer vernachlässigt und nicht zu mir gehörig empfunden hatte.

Von der Methodenvielfalt meines Therapeuten bin ich heute noch sehr begeistert. Ich arbeitete „innere Bilder" mit Rollenspielen, sogenannten „Kissenübungen", Malen, Arbeiten mit Knetmasse oder Tarotkarten auf.

Diese Therapie hat es geschafft, dass ich meinen Körper annehmen konnte und beide Körperhälften sich wieder miteinander verbanden. Die Therapie hatte es auch geschafft, um meine verstorbene Zwillingsschwester zu trauern und mich von ihr verabschiedeten zu können. Nach der Therapie war das Haareausreißen für mindestens ein Jahr deutlich zurückgegangen.

1993 Ich habe mit viel Elan und Begeisterung eine neue Stelle als Leiterin eines Kindergartens angenommen. Ich war mir sicher, dieser Herausforderung gewachsen zu sein. Als ich meine Arbeit dort begann, hatte ich grade eine gute Phase, trug eine Dauerwelle, und es waren keine kahlen Stellen zu sehen. Bereits nach einer Woche sah ich erschöpft und gestresst aus, auch meine Lockenpracht litt deutlich darunter.

Denn die Mitarbeiter waren wenig kooperativ. Wenn ich mit ihnen z. B. über ein Konzept sprach, oder sie bat, sich doch mehr mit den Kindern zu beschäftigen, hieß es nur: „Das haben wir immer so gemacht", „Und das machen wir auch weiter so". Ich ließ mich von den Meinungen der Mitarbeiter, Vorgesetzten und Eltern hin- und herreißen, bezog wenig Stellung. Ich wollte es jedem Recht machen. Weder Mitarbeiter, noch die Kinder und ihre Eltern konnten mich einschätzen, sich an mir orientieren. Es kam immer öfter vor, dass ich sehr angespannt und ängstlich morgens in den Kindergarten kam und hoffte, dass ich nicht eine Entscheidung, treffen musste.

Ich war froh, wenn ich mich in mein Büro zurückziehen konnte, um mich der Verwaltungsarbeit zuzuwenden. Das führte dann aber auch wieder zu Konflikten, weil die Mitarbeiter meine Unterstützung bei der Arbeit mit den Kindern einforderten. Sehr schnell merkte ich, dass ich für diesen Kindergarten nicht die richtige Leiterin war. Ich zweifelte wieder an meinen pädagogischen Fähigkeiten, von der Leitungstätigkeit ganz zu schweigen.

Nach Dienstschluss grübelte ich zuhause immer wieder über meine Situation, und das Haarereißen war mein abendlicher Begleiter. Ohne ihn konnte ich gar keine Ruhe mehr finden. Spätestens dann wäre es an der Zeit gewesen, den Kindergarten zu verlassen. Diese Blöße wollte ich mir aber nicht geben. Schließlich war ich es gewesen, die diese Stelle unbedingt haben wollte.

Eine vorzeitige Kündigung des ohnehin auf drei Jahre befristeten Vertrags wäre einer persönlichen Kapitulation gleichgekommen. Der gesamte Hinterkopf war bald kahl gerissen. Weder meine Mitarbeiter, noch die Kinder oder Eltern sprachen mich darauf an.

Ein Jahr, bevor ich den Kindergarten verließ, begann ich mit einer Einzelsupervision. Dabei wurde sehr schnell deutlich, dass ich den Respekt und die Unterstützung der Mitarbeiter und auch meines Vorgesetzten schon lange verloren hatte. Es mache auch keinen Sinn, den Respekt wieder zurückgewinnen zu wollen. Jetzt ging es hauptsächlich darum, zu ergründen, warum ich so wenig von mir und meinen Erfahrungen und Zielen gezeigt hatte? Und es ging darum, das letzte Jahr so gut wie möglich hinter mich zu bringen.

Ende September, war es mal wieder Zeit, zum Friseur zu gehen. Auf der Suche nach einem neuen Friseur entdeckte ich den Salon von Jürgen Behn. Bevor ich den Salon betrat, überlegte ich mir, welche „Lügengeschichte" ich denn wegen meiner kahlen Stellen erzählen sollte.

Um unangenehmen Fragen aus dem Weg zu gehen, hatte ich ständig die Friseure gewechselt. Unangenehm waren dabei nicht nur die Fragen nach den kahlen Stellen, sondern auch die Konfrontation mit den kahlen Stellen am Hinterkopf. Denn am Ende zeigte mir der Friseur sein Werk ja auch von hinten im Spiegel. Wenn ich dann die Stellen sah, war ich meist zu tiefst erschrocken. Schwor mir sofort, mit dem Reißen aufhören. Doch spätestens nach ein paar Tagen brach ich den Schwur. Jürgen Behn erkannte auf den ersten Blick, dass ich mir selbst die Haare ausriss. Und nach dem 3. Besuch sprach er mich direkt darauf an. Es war mir furchtbar peinlich. Gleichzeitig war ich sehr erleichtert, dass ich nun nicht mehr lügen musste. Herr Behn hat immer versucht, mir die Haare so zu schneiden, dass die kahlen Stellen möglichst wenig auffielen.

Erst 1997, als ich durch die Studie des UKEs von Trichotillomanie erfuhr, konnte ich ganz offen und frei über mein Problem sprechen.

1996 Kurz vor Ende meiner Tätigkeit in dem Kindergarten, begann ich mich auf Leitungsstellen in Hamburg zu bewerben. Darunter waren kirchliche, staatliche und viele private Einrichtungen. Es waren auch Integrationseinrichtungen darunter. Da sei ich die Richtige mit meinen Erfahrungen, dachte ich. Aber der zuständige Pastor redete sich raus damit, dass ich nicht genügend Leitungserfahrung besitzen würde. Vertraulich am Telefon meinte er jedoch, dass er schon schlechte Erfahrungen mit Behinderten gemacht habe, sie seien oft krank und man würde sie schwer wieder loswerden, weil Behinderte ja einen besonderen Kündigungsschutz hätten.

Zwei Einrichtungen gaben offen zu, dass sie mir die Arbeit wegen meiner Körperbehinderung nicht zu trauen.

Mit jeder Absage schwand mein Selbstbewusstsein, was dann am verstärken Reißen deutlich zu sehen war.

Der Einzige, der offen und ehrlich mit mir über meine Chancen auf dem Arbeitsmarkt sprach, war mein Arbeitsamtsberater. Er meinte, meine Qualifikationen seien hervorragend. Er könnte mir keine weitere Weiterbildung im Bereich Erziehung mehr anbieten. Aber es sei doch klar, dass man mit Ende 30 kaum mehr eine Chance hätte, bei über 4. Mio. Arbeitslosen, und auf eine Behinderte hätte man nun schon gerade nicht gewartet.

Langsam wurde mir klar, dass die Arbeitgeber auch so ihre Schwierigkeiten mit mir hatten, weil ich so voller Gegensätze war. Wenn ich zur Tür herein kam, sah man mir meine Körperbehinderung sofort an. Da wirkte ich schwach und im gewissen Sinne gebrechlich. Wenn ich dann den Mund aufmachte, und über meine Vorstellung in der Arbeit sprach, kam viel Erfahrung, Freude, Kraft und Stärke rüber. Da wirkte ich kompetent und selbstbewusst. Und nach dem Gespräch, wenn ich dann aufstand und ging, dann sah man am Hinterkopf ganz deutlich die kahlen Stellen. Sie waren ja nicht zu übersehen. Damit konnte mein Gegenüber sicher am wenigsten anfangen?

Natürlich hätte ich wieder eine Perücke tragen können. Aber nein, vor Jahren hätte ich mir im Beisein meiner Schwester mal geschworen, nie wieder so ein „Teil" zu tragen. Also würde ich jetzt in einer so schwierigen Situation einfach meine Prinzipien für einen neuen Arbeitsplatz nicht wieder brechen.

Die Lage war schwierig! Immer weniger glaubte ich daran, jemals wieder einen Arbeitsplatz in meinem Traumberuf Erzieherin zu bekommen. Es machte mich wütend und auch traurig, dass man Menschen, die anders waren, keine Chance gab. Zuhause begann ich diese Energie durch exzessive Seidenmalerei auszugleichen. Immer neue Tücher zu entwerfen und auszumalen und Farben zu mischen, befriedigte mich zutiefst.

Ich ertappte mich immer wieder dabei, dass mir dieses kreative, freie Leben besser gefiel, als die Arbeit mit Kindern.

1997 rief mich eine Bekannte an, bei der ich vor zehn Jahren mal eine pädagogische Fortbildung gemacht hatte und die zu den wenigen Leuten, zählte, die von meiner „Macke" wusste. Sie erzählte mir von einer Studie, die zur Zeit am UKE (Universitätsklinikum Hamburg-Eppendorf) beginnen würde. Dabei ging es um Menschen, die sich immer wieder die Haare ausrissen. Diesen Menschen wollte man jetzt Beratung und Hilfe anbieten. Meine Macke nannten die Wissenschaftler „*Trichotillomanie*". Ein unaussprechlicher Name, den ich bis dahin noch nie gehört hatte. Eine Stunde später informierte auch mein Freund mich über diesen Artikel, gab mir die Telefonnummer der zuständigen Psychologin und meinte, ich solle da doch mal anrufen.

Dann saß ich da und ganz viele widersprüchliche Gefühle und Gedanken prallen auf mich ein. „Diese kleine Macke ist wirkliche eine Krankheit?" „Toll, endlich weiß ich, was ich hab und es gibt so gar eine Psychologin, die Hilfe verspricht! Mehr als 200 000 Menschen sollen in Deutschland davon betroffen sein? Und ich gehöre dazu? Was sollte ich sagen, wenn ich da anrufe? Würde man mich wirklich verstehen? Drei Tage dauerte dieser innere Kampf, in dem ich immer wieder mein Telefon umkreiste. Aber schließlich war die Neugier und der Wunsch, endlich richtige Hilfe zu bekommen, doch größer. Frau Neudecker, die die Studie betreute, hörte mir zu und sprach ganz ruhig und sachlich über Trichotillomanie. Meine Angst und

Scham waren auf einmal verflogen. Nachdem ich ein wenig von mir erzählt hatte, wurde ich gefragt, ob ich mir vorstellen könnte, an dieser Studie teilzunehmen. Ich sagte zu, und wir vereinbarten einen ersten Gesprächstermin.
Nach dem Telefonat war ich ganz überwältigt von Freude und Energie!
Endlich würde ich dieses Leiden loswerden. Endlich waren da Menschen, die an mir und meiner Gesundheit interessiert waren.

Dieser Griff zum Telefonhörer war es, der mein Leben völlig umkrempeln sollte.

Medikamentöse Therapie
Dann war der April endlich da. Ich hatte das erste Gespräch mit Frau Dipl.-Psych. Neudecker. Als ich die VT-Ambulanz des UKEs betrat, war ich einerseits hoch motiviert, andererseits war mir auch mulmig zu Mute. Was würde mich hier wohl erwarten? Ich in der Psychiatrie. War meine Krankheit wirklich so schlimm, dass ich zum Psychiater musste? Eigentlich war das doch ganz einfach mit dem Reißen, ich musste einfach nur damit aufhören. Aber wie oft hatte ich das schon vergeblich versucht. Hier war endlich jemand, der mir vielleicht helfen könnte.
Aber bereits ein paar Minuten Gespräch mit Frau Neudecker reichten aus, um meine Zweifel und Ängste aufzulösen. Hier konnte ich ganz offen über meine Krankheit sprechen und wurde deswegen weder schief angeguckt noch ausgelacht. Ich erzählte Frau Neudecker meine Geschichte und ließ sie auch meine kahlen Stellen angucken. Das hatte ich bisher noch niemanden erlaubt, aber ich fühlte ich mich sicher und hatte Vertrauen zu ihr. Sie erklärte mir, welche Therapiemöglichkeiten es gebe. Dies sei eine Verhaltenstherapie oder eine medikamentöse Behandlung mit Serotoninwiederaufnahmehemmern (SSRI). Ich war überhaupt kein Medikamentenfreund, schon gar nicht wenn es sich um Psychopillen handelte. Aber es war schon verlockend zu hören, dass ich schon bald mit dieser Therapie beginnen könnte, während ich auf die Veraltenstherapie mindestens 1 Jahr warten müsste.
Ich entschied mich für das Medikament. Doch bevor ich das bekam, musste ich noch einige Untersuchungen über mich ergehen lassen. Dazu gehörte ein umfangreiches Interview und eine Computerbefragung. Dann folgte eine körperliche und neurologische Untersuchung, mit Blutabnahme, um die Nieren- und Leberfunktion zu überprüfen und ein EEG, weil ich als Kleinkind mal an leichten Anfällen gelitten hatte. Meine Behandlung sollte die Neurologin Frau Dr. Buck übernehmen. Doch bis ich endlich das ersehnte Rezept für die Tabletten in der Hand halten konnte, verging noch fast ein halbes Jahr. Ich glaube, es war nicht ganz klar, welches Präparat man einsetzen wollte. Die Zeit, bis zur ersten Tablette, war zwar unendlich lang, aber es geschahen wunderbare Dinge, die mich mit meiner Krankheit noch näher in Kontakt brachten.

1997 Im Mai drehte der NDR für sein Vorabendmagazin DAS mit mir den ersten Bericht zu Trichotillomanie. Im Sommer lernte ich Ann Tomica kennen, die in Hamburg zusammen mit Frau Neudecker und Herrn Professor Hand die erste Trichotillomanie Tagung vorbereitete.

Im Oktober fand diese Tagung dann statt. Mehr als hundert Betroffene aus ganz Deutschland kamen hier zusammen. Es war überwältigend, so vielen Menschen mit Trich plötzlich gegenüber zu stehen. Endlich war ich nicht mehr allein. Und auf dieser Tagung fasste ich den Mut, andere Teilnehmer aus Hamburg zu fragen, ob sie mit mir eine Selbsthilfegruppe gründen wollten. Sie wollten! Unsere Gruppe traf sich das erste Mal am 22. November 1997 bei KISS in Barmbek. Zu diesem ersten Treffen kamen 12 Mitbetroffene.

Kurz danach, Ende November nahm ich dann die erste halbe Tablette Seroxat. Von Anfang an fühlte ich mich wie von einem Schutzmantel umhüllt. Normale emotionale Höhen und Tiefen schienen ausgeschaltet zu sein. Es herrschte eher das Gefühl von: „Alles und jeder ist mir irgendwie egal", vor. Und schon nach drei Tagen Medikamenteneinnahme war mein Drang Haare auszureißen verschwunden. Und auch die anfänglichen Nebenwirkungen, wie Schlafstörungen, Hautjucken und Hitzewallungen gaben sich nach 3 Wochen.

Plötzlich konnte ich strukturiert arbeiten, angefangene Aufgaben zuende bringen, mich besser konzentrieren, meine Grübelein und oft schwankenden Stimmungen wichen einer enormen Energie.

Denn mit einem Mal konnte ich 6–7 Termine oder Aufgaben wahrnehmen, ohne erschöpft zu sein. Für mich eine tolle Erfahrung. Für meinen Partner und Freunde eher unangenehm. Denn man brauchte schon einige Zeit, um mich wieder zur Ruhe zu bringen. Ich war wie aufgezogen!

Das Beste jedoch war, meine Haare wieder wachsend zu erleben. Nach fast 30-jähriger Reißkarriere, war das für mich das größte Wunder und die größte Freude. An den bevorzugten Stellen wuchsen die Haare nicht mehr dunkel, sondern weiß nach. Ich begann meine Haare zu tönen, manchmal auch zu färben.

Doch es gab auch eine „Wirkung", die mich sehr beunruhigte und mir Angst machte. Dieses Medikament wirkte sich extrem auf meine Gehbehinderung aus. Ich fühlte mich plötzlich noch unsicherer auf den Beinen und hatte auf einmal große Angst davor, über Kantsteine und Treppen zu gehen. Meine Beine fühlten sich wie Pudding an, so ganz ohne Kraft. Mehr als einmal flog ich auf die Nase. Doch meinem Zwang zuliebe nahm ich das in Kauf.

1998 Nach ca. einem halben Jahr entwickelte sich eine Symptomverschiebung, die sich in Kaufsucht und Telefonitis äußerte. In meiner Situation als Arbeitslose war das fatal. Ich bat meinen Freund, mir das Geld zuzuteilen. In der Woche gab es 10,– €. Aber bereits nach einem Tag war das Geld ausgegeben. Ich ging zu Frau Neudecker ins UKE und besprach mit ihr das Problem. Gemeinsam mit ihr führ-

te Professor Hand, der damaliger Leiter der VT-Ambulanz, ein Gespräch mit mir. Er erklärte mir, dass ich nur mit meiner Gefühlswahrnehmung Probleme haben würde. Daran könnte man gut arbeiten. Andere Betroffene hätten noch weitaus schwerere Störungen, wie Depressionen oder Ängste. Er entschied auch, meine Medikamentendosis um die Hälfte zu reduzieren.
Die Folge davon war, dass die Kaufsucht und das ständige Telefonieren wieder abnahmen, aber die Unsicherheit beim Laufen wieder zunahm. Mehr als einmal fiel ich hin, weil ich zu unkonzentriert war, nicht auf Kanten und holprige Gehwege achtete. Einmal wurde ich fest angefahren, weil ich auf einer Einfahrt hingefallen war. Die Erfahrung war so einschneidend für mich, dass ich begann, an den Pillen zu zweifeln. So euphorisch wie zu Beginn der Behandlung war ich nun nicht mehr.
In Abständen von 6–8 Wochen wurde ich immer mal wieder zu meinem Reißverhalten von Frau Neudecker interviewt. Die Antwort lautete immer gleich: Kein Drang und kein Reißen mehr.

1999 Im November entschloss ich mich die Tabletten langsam abzusetzen. Die ganze Prozedur dauerte ca. 6–8 Wochen. Auch die Nebenwirkungen vom Anfang kehrten wieder zurück.

2000 Anfang Januar schluckte ich dann die letzte viertel Tablette.
Ende der medikamentösen Therapie!

Ab jetzt würde ich es auch alleine schaffen, davon war ich felsenfest überzeugt. Doch mit dieser letzten Tablette kehrte der Drang wieder zu mir zurück. Wie ein alter „Freund", der nach langer Abwesendheit wieder nach Hause zurückkehrt.
Ich war geschockt, ja es brach fast die Welt zusammen, als ich am nächsten Tag wieder an meinen Kopfhaaren riss. Wie konnte das sein?
Heute weiß ich, dass ich ja nur eine Tablette gegen den Drang geschluckt, aber nicht gelernt hatte, Strategien gegen meinen Zwang zu entwickeln.
Was sollte ich tun?
Inzwischen hatte ich seit drei Jahren in Hamburg eine Selbsthilfegruppe für Trichbetroffene geleitet, gerade die Infostelle Trichotillomanie von Ann Tomica geerbt, reiste durch die Lande, um Trichbetroffene zu informieren und war in den erweiterten Vorstand der Deutschen Gesellschaft Zwangserkrankungen e.V. gewählt worden.
Wieder rief ich im UKE an und vereinbarte mit Frau Neudecker einen Gesprächstermin. Wie gut, dass es jetzt jemanden gab, mit dem man sprechen und den ich um Rat fragen konnte. Ich sprach ganz offen über meine Enttäuschung und bat um erneute Hilfe. Frau Neudecker erklärte mir, dass es bei 70–80% der Patienten nach dem Absetzen des Medikaments zu Rückfällen kommen würde.

Sie fragte mich, was ich mir denn von einer Verhaltenstherapie versprechen würde? Na, ich wollte gegen meinen Zwang kämpfen und das Haare ausreißen endlich wieder los werden.

Frau Neudecker versprach mir, sich darum zu kümmern. Zirka zwei Wochen später bekam ich dann den Anruf von ihr, im dem sie mir mitteilte, dass es eine Kollegin gäbe, die ab Sommer Termine frei hätte und mir eine ambulante Verhaltenstherapie anbieten könnte. Allerdings habe diese Therapeutin bisher noch keine Patientin mit Trichotillomanie behandelt.

Ich war sehr skeptisch. Wie wollte mir eine Therapeutin helfen, wenn Sie nichts von Trich und deren Behandlung wusste? Ich fragte mich immer wieder, ob ich die Therapie wirklich brauchte? Und was würde sein, wenn mein Zwang weg wäre? Was würde an seine Stelle treten? Konnte es denn nach so langer Zeit überhaupt noch eine Heilung geben? Aber andererseits war das vielleicht meine letzte Chance? Was hatte ich denn zu verlieren? Nichts! Seit über zwei Jahren war ich jetzt Frührentnerin. Berufliche Aktionen konnten mich nicht mehr hindern, und meine ehrenamtliche Tätigkeiten für die Infostelle und die DGZ e.V. würden mir genügend Raum lassen, um eine Verhaltenstherapie zu machen.

Nach langem Grübelein, Gesprächen mit meinem Partner und Freunden, stimmte ich der Verhaltenstherapie in der VT-Ambulanz des UKE zu.

Die folgende Beschreibung meiner Verhaltenstherapie basieren auf Erinnerungen und Aufzeichnungen aus meinem Therapietagebuch, welches ich mir zu Beginn zugelegt hatte.

Beginn der Verhaltenstherapie

2000 Mit sehr gemischten Gefühlen ging ich im Sommer zu meiner ersten Therapiestunde in die VT-Ambulanz des UKE.

In dem ersten Gespräch mit Frau Weiss, meiner Verhaltenstherapeutin, ging es hauptsächlich darum, meine Motivation für die Therapie abzuklären und in Kurzform mein bisheriges Leben mit Trich zu schildern.

Ehrlich gesagt, fand ich es ganz schön anstrengend, schon wieder alles erzählen zu müssen. Wie oft hatte ich das in den vergangenen Jahren schon tun müssen. Aber mir war auch bewusst, dass die Therapeutin nur so einen umfassenden Eindruck von mir gewinnen konnte.

Am Ende der ersten Stunde wurde ich gebeten, bis zum nächsten Mal zu überdenken, ob ich die Therapie bei ihr machen wollte. Außerdem würden wir beim nächsten Mal noch weiter an meiner Biografie arbeiten.

Als ich das UKE verließ, hatte ich ein unheimlich gutes Gefühl im Bauch. Es war eine Mischung aus Energie, Hoffnung, Stärke und der Gewissheit, dass jetzt eine neue Zeit ohne Trich beginnen könnte. Ich wollte die Therapie unbedingt machen. Die Zweifel zu Beginn waren verflogen.

Eine Woche später teilte ich Frau Weiss meine Entscheidung mit. Auch die Therapeutin selbst konnte sich eine Therapie mit mir vorstellen. Demnach waren die wichtigsten Voraussetzungen geklärt: meine Motivation und Bereitschaft zur Therapie und das gegenseitige Übereinkommen, miteinander arbeiten zu wollen. Frau Weiss wollte von mir wissen WIE, WO, WANN und WARUM ich Haare ausreiße.

Auf das WIE konnte ich antworten. Ich riss immer einzelne Haare aus. Bevorzugt am Hinterkopf, hinter beiden Ohren. Immer mit Daumen und Zeigefinger der linken Hand. In der Regel fühlte sich das Haar dicker, gekräuselter, borstiger an als die anderen Haare.

Das Haar war fast immer weiß. Denn an den bevorzugten Stellen wuchsen meine Haare schon lange weiß nach. Ich glaube, dass diese weißen Haare auch einen besonderen Reiz auf mich ausübten. Zum einen wollte ich sie unbedingt weg haben. Weiße Haare in meinem Alter konnte ich nicht dulden. Zum anderen fühlten sie sich irgendwie dicker und borstiger an.

Das Haar riss ich aus und strich damit über die Lippen, was sehr angenehm und beruhigend war. Dass ich die Haare dann auch zerbiss und aß, konnte ich Frau Weiss erst ein halbes Jahr später gestehen. Das Haare ausreißen war ja schon peinlich, aber das aufessen war noch mal peinlicher.

Die Frage WO konnte ich auch noch beantworten. Ich riss nur, wenn ich alleine war. Meistens Zuhause, oder wenn ich mich unbeobachtet fühlte.

In Gegenwart anderer traute ich mich nicht zu reißen. Was würden andere von mir denken und was sollte ich denn auf mögliche Fragen antworten?

Aber WANN und WARUM ich mir die Haare ausriss, konnte ich gar nicht so genau beantworten. Denn oft war ich mir gar nicht bewusst, dass ich an meinen Haaren riss. Ich fing plötzlich an, schaltete mich geistig und körperlich völlig aus, und riss und riss. Es war ein Trance ähnlicher Zustand. Entweder ging dem Reißen eine starke Anspannung voraus, wie Wut, Ärger, Enttäuschung. Oder ich grübelte über Situationen, Menschen, Ereignisse nach, in denen ich vielleicht nicht richtig gehandelt hatte. Immer liefen die Bilder zu den Situationen im Kopf ab. Hunderte Mal und mehr. Um das endlich auszuschalten, ging die Hand dann automatisch zum Kopf.

Das Reißen und das darauf Rumbeißen entspannte und beruhigte dann unheimlich. Wenn ich mir aber bewusst wurde was ich tat, schimpfte und verurteilte ich mich selbst dafür, meine Anspannung stieg daraufhin wieder an und ich begann von neuem zu reißen.

Warum ich mir die Haare ausriss, konnte ich nicht sagen. Die Gefühle, die dem vorausgingen, nahm ich schon lange nicht mehr wahr. Diese Gefühle hatte ich jah-

relang mit dem Reißen in Schach gehalten. Aber wenn ich mein Verhalten ändern wollte, musste ich erst mal herausfinden, WANN und WARUM ich dies tat.
Deshalb bekam ich als Hausaufgabe mit auf den Weg, mich selbst und das Haareausreißen genauer zu beobachten. Dabei hat mir der Selbstbeobachtungsbogen für zwanghaftes Haareausreißen geholfen (Abb. S. 136).
Zwei Wochen lang habe ich sehr genau diesen Beobachtungsbogen geführt. Es kristallisierte sich heraus, dass es sehr oft morgens direkt nach dem Aufstehen im Badezimmer passierte. Während ich mich anzog, verfiel ich häufig ins Grübeln darüber, wie ich meinen Tag gestalten sollte. Schnell konnte ich morgens ½ Stunde mit Reißen verbringen. Während und besonders nach dem Frühstück setzten sich diese Grübelattacken dann oft fort und dauerten so lange an, bis ich endlich aufstand und irgendetwas tat. Während dieser Grübelein spürte ich oft nichts als eine innere Leere. Besonders schwierig war es in Situationen, wenn ich etwas nicht gleich angehen und erledigen konnte. Zum Beispiel wenn ich ein Telefonat führen wollte, aber bemerkte, dass die Person nicht erreichbar war. Entweder wählte ich die Nummer immer und immer wieder oder saß wie erstarrt neben dem Telefon und fing an zureißen, um diese Enttäuschung oder auch Wut aushalten zu können.
Ich verbiss mich dann so in die Situation, dass ich mich gedanklich und gefühlsmäßig nicht davon befreien konnte.
Ganz häufig fing ich aber mit dem Reißen an, wenn ich abends vor dem Fernseher oder auf dem Sofa saß und gar nichts tat. Einerseits diente das Reißen dann dem bewussten Aussteigen aus der realen Welt. Ich nahm dann weder mich noch andere Dinge wahr. Es konnte aber auch sein, dass das Reißen dazu diente, mich als lebendig wahrzunehmen. Heute glaube ich, dass es für mich ganz schwierig war, es mit mir selbst auszuhalten.
Diese Erkenntnisse besprachen wir sehr ausführlich in den nächsten Therapiesitzungen. Zukünftig sollte ich mich weiter beobachten und ganz besonders auf meine Gefühle acht geben und sie aufschreiben.

Schwarz auf weiß zu lesen, wie ich mich verändert hatte, fand ich sehr spannend. Als Kind habe ich meine Gefühle offen zur Schau getragen. Als Jugendliche bin ich mit meinen Gefühlen nicht klar gekommen. Plötzlich gab es so viele davon. Ich zog es vor, mich zurückzuziehen und mir meine eigene heile Welt aufzubauen. Gefühle und Bedürfnisse habe ich von da an anderen kaum noch gezeigt.

Ich sollte mich noch intensiver mit dem Thema Gefühle auseinandersetzen und aufschreiben, mit welchen negativen Gefühlen ich nicht zurecht kam.

Selbstbeobachtungsbogen für zwanghaftes Haareausreißen

Datum	Situation / Ereignis vorher	Gefühle vorher	Gedanken vorher	Was habe ich getan? Haare ausreißen?	Wie lange? Wie oft?	Gefühle danach	Was hätte ich anstatt des Haareausreißens tun können?

PDF-Download im Internet möglich auf www.trichotillomanie.de

- *Hilflosigkeit:* Diese Hilflosigkeit spüre ich oft in neuen Situationen, bei der Begegnung mit fremden Menschen. Hier glaube ich, dass man mich immer noch wegen meiner Behinderung anstarrt oder gar ablehnt. *Ziel:* Meine Behinderung akzeptieren lernen und mehr Hilfe annehmen und zulassen.

- *Einsamkeit:* Die Gefühle von Einsamkeit, die mich während des Tages immer mal wieder überfallen, gehören zum Leben dazu. Jeder Mensch erlebt sie immer wieder. *Ziel:* Ich kann lernen, diese Gefühle auszuhalten, und Kontakt zu anderen Menschen aufnehmen.

- *Unruhe:* Sie erfasst häufig meinen ganzen Körper, besonders wenn ich ohne Pause arbeitete. Ich spüre Sie oft erst dann, wenn ich zur Ruhe komme. *Ziel:* Der Unruhe bewusst Raum und Zeit einräumen und sie durch Entspannungstechniken und Stille aushalten und annehmen lernen.

- *Kraftlosigkeit:* Körperlich kann ich schon ganz gut erkennen, wenn ich keine Kraft mehr habe. Seelisch macht mir diese Kraftlosigkeit Angst oder schätze sie falsch ein. Dann versuche ich sie zu unterdrücken oder mich abzulenken, z. B. mit Fernsehen oder Haare ausreißen. *Ziel:* Wie kann ich lernen, dieses Gefühl richtig einschätzen? Wie und mit was kann ich mich wieder regenerieren?

- *Wut:* Wenn es um die Wut gegenüber anderen geht, kann ich recht gut damit umgehen. Wehre mich und spreche über meine Wut. Es gibt aber eine innere Wut, die ich nicht einordnen kann und die ich dann wegdrücke. Sie wird umgelenkt, überdeckelt durch das Haare ausreißen. *Ziel:* Ich möchte meine Wut genau angucken. Spüre ich da dann immer Wut, oder ist es ein anderes Gefühl, was plötzlich hochkommt?

Im Oktober sind Frau Weiss und ich an einem Punkt angekommen, wo es darum ging zu klären, warum ich mir Tricho ausgesucht habe? Aus dem, was meine Therapeutin aus den Gesprächen von mir wusste, gab sie ihre persönliche Einschätzung ab:

- Meine Eltern haben mich in einer beschützten Umgebung aufwachsen lassen (Kindergarten und Schule) aber sie haben auch viel von mir verlangt.
- Mit 6 Jahren, mit der Einschulung, war ich nach der Schule mehr als 3 Stunden alleine Zuhause, weil meine Mutter wieder arbeiten musste. Meine jüngere Schwester war die Woche über bei unseren Großeltern. Das war für mich eine Überforderung!

- Später wurde von mir immer mehr Eigenverantwortung verlangt. Sätze wie: „Du musst!" und „Du schaffst das", hörte ich ständig.
- Als Jugendliche erlebte ich das auf und ab der Gefühle. Ich verliebte mich das erste mal in einen Klassenkameraden, der auch körperbehindert war. „Was willst Du denn mit dem?" „Der ist ja behindert". Eine sehr ambivalente Botschaft meiner Eltern, denn schließlich bin ich auch behindert. Kommen meine Eltern mit meiner Behinderung nicht zurecht? Lehnen sie mich vielleicht sogar unbewusst ab?
- Meine Eltern haben keine Zeit für mich. Niemand nimmt mich und meine Gefühle richtig ernst.
- Ich flüchte mich in meine Traumwelt. Neil Diamond (amerikanischer Rock- und Popsänger) wird mein bester „Freund" und Zuhörer.
- Ich erschaffe mir meine eigene Welt und ziehe mich zurück. Trichotillomanie ist mein Rückzug. Mit dem Reißen kann ich meine Gefühle unterdrücken und aushalten.
- Trichotillomanie ist heute ein Stück Jugend, die übrig geblieben ist!

Unter diesem Gesichtspunkt hatte ich meine Erkrankung noch nie gesehen. Aber ich konnte dem zustimmen. Denn es stimmt, wenn ich reiße, ziehe ich mich in mich zurück. Schalte Gefühle und Grübeleien aus. Es ist als sitze ich unter einer Käseglocke. Es ist etwas, was mich vor der rauen und harten Welt da draußen abschottet und schützt. Was wäre wohl passiert, wenn ich damals nicht diese Nische für mich entdeckt hätte?

Nun geht es darum, was ich verändern möchte. Was ist jetzt zu tun?
Was ist mein Therapieziel?
- Gefühle wahrnehmen lernen. Bei allem, was ich tue, höre oder erlebe, mich zu fragen, was ich fühle.
- Von den hohen Erwartungen herunter zu kommen. Fehler machen dürfen. Nein sagen. Andere sein lassen, wie sie sind.
- Mein Reißen mindestens um 50% reduzieren. Situationen verlassen, bei denen es zum Reißen kommt (Fernsehen). Anspannung aushalten, auf die Hände setzen, Mütze aufsetzen, Igelball in die Hand nehmen, Haare bürsten.

Neben dem Auf- und Nachspüren meiner Gefühle, wollte ich auch herausfinden, wie ich wieder eine Struktur in meinen Tagesablauf bringen könnte. Seit ich Erwerbsunfähigkeitsrente bekomme, kann ich machen, was ich will. Keiner schreibt mir vor, wann ich morgens aufstehe oder wann ich abends zu Bett gehe. Aber wie füllt man einen ganzen Tag mit Leben und Aufgaben? Manchmal fühle ich mich an den Rand geschoben, nutzlos und überflüssig. Je mehr Zeit ich hatte, um so mehr riss ich an den Haaren.

Immer öfter ging ich abends mit dem Gefühl ins Bett, nichts geleistet zu haben. Ich war unzufrieden mit meiner vielen Zeit. Ich brauchte irgendetwas, was mir half, mich besser zu fühlen. Deshalb begann ich im Herbst abends auf einen Block zu schreiben, was ich am nächsten Tag erledigen möchte.

Nachdem ich herausgefunden hatte, was ich in der Therapie erreichen wollte und nachdem ich jeden Tag auf meinem Block meine Aufgaben notierte, kam eine weitere tägliche Übung dazu!

Einmal täglich, vorzugsweise nachmittags sollte ich mich für 5 Minuten auf das Sofa oder Bett legen und mich Entspannen. Dabei sollte weder das Radio laufen, noch das Telefon klingeln. Gedanken sollte ich annehmen und sie ohne Bewertung ruhig ziehen lassen. Während dieser Entspannung sollte ich keine Haare reißen! Für jemanden wie mich, der es gewohnt ist, aktiv zu sein oder und immer eine Geräuschkulisse (Radio) um sich zu haben, war die Stille und das Nichtstun kaum auszuhalten. Bei den ersten Übungen war mein Körper, besonders meine Beine, so unruhig, dass sie zitterten und kribbelten.
Um nicht in die Versuchung zu kommen, Haare zu reißen, faltete ich meine Hände über dem Bauch zusammen oder legte mich auf meine Hände. Die Anspannung war riesig und ich konnte es kaum erwarten, dass die 5 Minuten vorüber waren. Ich konnte mich gar nicht gut darauf einlassen. Nach dieser Ruhepause musste ich unbedingt irgendetwas tun, lesen, Musik hören, telefonieren oder rausgehen, um mich und Leben wieder zu spüren.
Mit Frau Weiss sprach ich über diese Erfahrungen und sie ermunterte mich dazu, täglich weiter zu üben und die Entspannungszeit langsam auszudehnen.
Sie regte an, mich am Nachmittag auch für die Erledigung meiner Aufgaben zu belohnen. Was war denn eine Belohnung für mich? Dazu fiel mir wirklich nicht viel ein, außer: ins Cafe gehen, ein Buch lesen, Musik hören, etwas Neues kaufen.
Ich nutzte die Treffen meiner Selbsthilfegruppe oder auch Treffen mit meinen Freunden, um mir Rat zu holen. Bei den Teilnehmern meiner Gruppe fiel auf, dass viele auch gar nicht wussten, was eine Belohnung für sie war. Meine Freunde rieten mir zu einer Massage, einem Spaziergang, Kinobesuch oder einem Treffen mit ihnen.

Also in den nächsten Wochen notierte ich:
- Meine täglichen Aufgaben
- Wann und wie lange ich mich entspannte
- Meine Belohnung für den Tag
- Und wie zufrieden ich mit mir war

Meine Therapeutin empfahl mir bei meinen Aufgaben, z. B. nicht gleich den gesamten Schreibtisch aufzuräumen, sondern nur die Ablage zu sortieren.
Ich bin zwar nicht der superordentlichste Mensch, aber wenn ich mal etwas anfing, dann musste auch alles aufgeräumt werden. Diesen Anspruch hatte ich nun mal an mich selbst. Nur Teilbereiche aufzuräumen fiel mir sehr schwer. In dieser Beziehung war ich schon immer sehr perfektionistisch gewesen.
Genauso sollte ich mit ungeliebten Aufgaben umgehen. Bisher neigte ich dazu, ungeliebte Aufgaben insbesondere im Haushalt lange vor mich her zu schieben, bis ich eigentlich keine mehr Zeit hatte und sie nur unter großem Druck erledigen konnte. Auch grübelte ich über die Aufgabe. Um das Grübeln zu unterbinden, riss ich dann meistens an meinen Haaren.
Nun versuchte ich diese ungeliebten Tätigkeiten gleich zu erledigen. Ich stellte fest, dass es gar nicht so schlimm war, z. B. den Abwasch gleich zu machen.

In der Therapie sprachen wir auch darüber, welche Bereiche außer der Infostelle und der DGZ es noch in meinem Leben gab und wie viel Raum ich diesen Bereichen geben wollte. Mit 50% nahm die Arbeit für die Infostelle und die DGZ den größten Teil meiner Zeit ein. Diese Arbeit macht mir unheimlich viel Freude, weil ich andere beraten konnte. Schwierig war hier, die klare Grenze zu ziehen.
Denn die Arbeit für den Verein und die Infostelle machte ich von Zuhause aus. Zuhause pflegte ich aber auch meine Hobbys oder traf mich mit Freunden. Hier kam es immer wieder zu „Vermischungen". Und ich musste sehr aufpassen, mich nicht so sehr in die Arbeit hereinziehen zu lassen und mein Privatleben zu vernachlässigen.

2001 Im Februar, ca. ein halbes Jahr nach Beginn der Therapie, sollte ich eine Zwischenbilanz ziehen: Was habe ich schon erreicht in der Therapie – unter besonderer Berücksichtigung der Trichotillomanie?

- Nach anfänglichen Schwierigkeiten kann ich jetzt meinen Tag und meine Woche gut strukturieren.
- Ich gehe den Tag aktiver an, wenn ich weiß, was ich heute erledigen möchte.
- Eine positive Energie durchströmt mich, macht mich aktiv. Diese Energie hält bis zum Abend an. Dadurch geht auch das Haare ausreißen deutlich zurück.
- Inzwischen freue ich mich auf den nächsten Tag.
- Ungeliebte Tätigkeiten schreibe ich mit in meinen Tagesplan. Wenn ich sie erledigt habe, bin ich besonders stolz auf mich. Ich gewöhne mich daran, dass Geschirr jetzt gleich nach dem Frühstück abzuwaschen anstatt es den ganzen Tag in der Spüle stehen zu lassen.
- Langeweile kann ich jetzt besser ertragen, wenn ich morgens meine Aufgaben erledigt habe. Auch ich würde es nicht mehr Langeweile nennen, sondern

es ist ein innehalten und ausruhen. Durch die 5 Minuten Entspannungsübung am Nachmittag gönne ich mir Ruhe und kann damit meine innere Unruhe besänftigen.

In dieser Zeit habe ich auch ganz bewusst auf meine Träume geachtet. Ich spürte, dass jetzt wieder Gefühle hoch kamen, die ich jahrelang unterdrückt, und mit dem Haare ausreißen in Schach gehalten habe. Es waren diese Sorgen, die mich beschäftigten:
- Mir passiert etwas oder ich werde schwer krank.
- Meinem Freund passiert etwas oder er verlässt mich. Ich müsste mich allein um alles kümmern. Die Infostelle, den Haushalt und die geschäftlichen Angelegenheiten

Ich glaube, ich habe mich noch nie so intensiv mit meinen Gefühlen und meiner Biografie beschäftigt. Erstaunlich, wie viel Kraft und Einfluss Gefühle besitzen. Diese intensive Arbeit war sehr anstrengend und hat so manche Trauer, Wut und Einsamkeit wieder hochkommen lassen. Ich habe sie zugelassen und mich jetzt mit meiner Tagesstruktur vor all zu heftigen Reißattacken gerettet. Je länger und intensiver ich mich mit meiner Vergangenheit auseinandersetzte, um stolzer wurde ich auf mich selbst.
Trotz der manchmal sehr schwierigen Phasen in meinem Leben hatte ich immer wieder die Kraft besessen, aufzustehen und nach vorne zu sehen.
Was ich wollte, hatte ich doch erreicht.
Diese Erkenntnis war so positiv, dass ich im Februar 2001 das erste Mal in der Therapie den Entschluss fasste, mit dem Haare reißen aufzuhören.
Nachdem ich wusste, welche Situationen mich früher geprägt hatten, wollten Frau Weiss und ich jetzt herausfinden, welche Situationen von früher mich heute noch beeinflussen?

Diese waren zum Beispiel:
- Konflikten aus dem Weg zu gehen aus Angst die Zuneigung und Anerkennung meines Gegenübers zu verlieren.
- Liebe und Zuneigung, seelisch und körperlich, konnte ich nicht annehmen.

Wann habe ich in meinem Leben Trauer, Traurigkeit gespürt?
- Als ich mit 7 Jahren den Kindergarten verlies. Vertraute Menschen verlassen zu müssen.
- Das Heimweh während der Kinderkur.
- Ich war sehr traurig und enttäuscht, wenn meine Mutter an ihren freien Tagen, trotz eines Versprechens, keine Zeit für mich hatte.
- Als meine Großmutter starb.

- Als meine Mutter im Sterben lag und ich bis zu ihrem Tod bei ihr war, war der Schmerz, die Trauer sehr groß. Nach ihrem Tod war die Trauer einer innerlichen Leere gewichen.

Heute bin ich frei und habe neue Aufgaben gefunden, wie:
- die Infostelle
- die DGZ
- Kreative Gruppen, Seidenmalerei
- Freunde

Zwischenbilanz „Gefühle":
Gefühle hat jeder Mensch, und sie gehören deshalb auch zu mir. Einige haben mich verletzt, haben wehgetan, mich geärgert und mich erfreut.
Gefühle haben mich zu dem gemacht, was ich heute bin. Das Haare reißen war lange Zeit meine Strategie, um meine Gefühle klein zu halten oder nicht wahrnehmen zu müssen. Diese Strategie will und brauche ich jetzt aber nicht mehr. Je weniger ich reiße, um so mehr kommen meine Gefühle wieder an die Oberfläche. Das ist einfach toll. Ich weiß, dass ich immer besser mit meinen Gefühlen umgehen kann.

Im April, nach 7 Wochen Reißfreiheit, wurde ich wieder rückfällig. Wahrscheinlich wurde ich wieder nachlässiger mit mir selbst. Das heißt, das Nichtreißen war schon so normal geworden, dass meine Achtsamkeit für mich selbst abnahm. Außerdem hatte ich nicht bedacht, dass das Haareausreißen zu einer automatischen Handlung geworden war. Ich war schon ein bisschen enttäuscht, dass ich es nicht länger geschafft hatte, reißfrei zu bleiben. Andererseits war ich auch stolz auf mich, dass ich es sieben Wochen geschafft hatte. Und das ganz ohne Medikamente.
Um eine bessere Übersicht über reißfreie Tage zu haben, malte ich mir jeden Tag ein rotes Sternchen in mein Tagebuch und klebte ein Sternchen in meinen Wochenkalender. Ich merkte sehr schnell, dass diese Methode ein zusätzlicher Anreiz war reißfrei zu bleiben.
Während der Sitzungen mit Frau Weiss überlegte ich jetzt, wie ich mich zukünftig vor Rückfällen schützen könnte.

Meine Rückfallprophylaxe:
- Regelmäßige Tagebucheintragungen machen
- Tagesstruktur einhalten
- Körperwahrnehmung (Qigong) täglich durchführen
- Entspannungszeiten einhalten

- Nur auf den heutigen Tag schauen. „Heute brauche ich das Reißen nicht". „Was morgen ist, ist unwichtig" „Ich kann jeder Zeit wieder mit dem Reißen aufhören."
- Reißfreie Tage sichtbar machen (Kreuzchen im Kalender oder Klebebildchen im Badezimmer)
- Freunde anrufen, oder sich mit ihnen treffen
- Regelmäßig Besuch der Selbsthilfegruppe
- Mich nicht überfordern
- Bei Bedarf zur Auffrischung noch mal einige Stunden bei Frau Weiss VT machen
- Nein sagen – Abgrenzen

Im Juni traf ich mich seit zwei Monaten nur noch 4 wöchentlich mit meiner Therapeutin, ich sollte nun eine Gesamtbilanz meiner Therapie ziehen. Was hat sich in dem 1 Jahr Therapie verändert?

Da ich in der Therapie die Möglichkeit hatte, meine Kindheit, Jugend und mein jetziges Leben anzuschauen, sind mir Gefühle, Bedürfnisse in wichtigen Situationen wieder bewusst geworden. Ich habe mich mit meiner Mutter ausgesöhnt. Alles hat mich geprägt und macht mich zu der Person, die heute bin. Dadurch kann ich mich viel besser selbst annehmen und akzeptieren! Meinen Tag kann ich gut strukturieren. Auch unangenehme Tätigkeiten gehe ich gleich an. Schiebe sie nicht mehr so lange vor mir her. Ich muss mich aber an meinen Tagesplan halten, sonst besteht die Gefahr des Haare ausreißens. Meine Gefühle beginne ich immer mehr wahrzunehmen. Es ist sehr wichtig, täglich die Entspannungsübung durchzuführen, um innerlich zu Ruhe kommen zu können. Dadurch erfahre ich selbst mehr Gelassenheit. Der Umgang mit Anderen ist nicht nur entspannter, sondern auch ehrlicher. Kann Andere leichter sein lassen. Ich beginne immer öfter meine Meinung zu äußern und zu vertreten. Ich bin nicht mehr „Everybodys Darling".

Das Haare ausreißen ist statt um 50% um 80% –90% zurückgegangen.
War sogar 7 Wochen reißfrei! TOLL !!!

ACHTUNG wichtig:
Regelmäßige Friseurbesuche. Denn wenn die Frisur nicht mehr gut sitzt, ist die Gefahr des Reißens sehr groß. Fühle mich ungepflegt, dann ist es auch egal, ob ich reiße oder nicht.

- Trichotillomanie bestimmt nicht mehr mein Leben. Sondern ich entscheide, ob ich reißen will, oder nicht!
- Ich genieße mein Leben mit all seinen Höhen und Tiefen.
- Ich freue mich über jeden reißfreien Tag!
- Die Therapie hat mir Hilfen an die Hand gegeben, um mit Trichotillomanie zu leben. Ich werde immer wieder gefordert sein, achtsam mit mir umzugehen.
- Wenn es doch mal kleine Rückfälle gibt, nehme ich sie an und verurteile mich deswegen nicht mehr.

Im Juni 2001 beendete ich nach 50 Stunden Verhaltenstherapie meine Therapie bei Frau Weiss.

Heute 2008 geht es mir gut. Das Haare reißen kommt nur noch vereinzelt vor. Innere Anspannung oder negative Gefühle kann ich zulassen, ohne zu reißen. Trichotillomanie ist heute eher ein wichtiges Barometer für mich, welches mir anzeigt, wie es mir geht und wann ich besser für mich sorgen muss. Das Haare reißen hat seinen Schrecken verloren!!!

Ich bin endlich in meinem Leben angekommen und fühle mich wohl mit mir.
Ende der Verhaltenstherapie!

Nachtrag zu therapeutischen Beziehung:
Während der gesamten Therapie habe ich meine Therapeutin, Angela Weiss, als eine aufmerksame, warmherzige und kompetente Frau erlebt. Sie hat sich gemeinsam mit mir auf den Weg gemacht, Trichotillomanie zu verstehen und zu ergründen. Durch ihre Aufmerksamkeit und Anteilnahme konnte es mir gelingen, mehr Zutrauen und Aufmerksamkeit für mich selbst zu gewinnen. Nie habe ich mich von ihr zu etwas gedrängt gefüllt.
Liebe Frau Weiss, Sie waren genau die richtige Therapeutin für mich und ich danke Ihnen von ganzem Herzen für Ihre Begleitung und Unterstützung für die wunderbare Arbeit, die wir gemeinsam geleistet haben.

Anhang

Autoren

Antonia Peters
Geburtsort und -jahr: Hamburg, 1958
Ausbildung: 1975 bis 1980 Ausbildung zur Kinderpflegerin und Erzieherin in Hamburg. Schwerpunkte in der Ausbildung: Religionspädagogik, Kinderliteratur und situatives Arbeiten mit Kindern.

Von 1980 bis 1993 Tätigkeit als Gruppenerzieherin im Elementarbereich in einem kirchlichem Kindertagesheim. Fortbildungen: 1-jährige sozialtherapeutische Weiterbildung für Erzieher im IWPH, und 1-jährige Grundausbildung für Gestalttherapie am Institut, HIGW. Von 1993 bis 1996 Leitung eines evangelischen Kindergartens in Hamburg. Seit 1998 frühberentet. 1997 Gründung der Hamburger Selbsthilfegruppe Trichotillomanie. Fortbildungen bei KISS-Hamburg für Gruppenleiter. Seit 1998 Mitglied der DGZ e.V. Ein Jahr später, Berufung in den erweiterten Vorstand des Vereins. Schwerpunkt der Arbeit: Deutschlandweite Infoveranstaltungen zu Trichotillomanie. Im Jahr 2000 Übernahme der Infostelle Trichotillomanie. Vorträge in den Klinken Bad Bramstedt, Alexianer-Krankenhaus (Münster), Klinik Roseneck (Prien am Chiemsee), Klinik Windach, Bad Dürkheim und der Psychiatrischen Uniklinik Leipzig zur Trichotillomanie. 2001 Wahl zur stellvertretenden Vorsitzenden der DGZ. Besondere Schwerpunkte der Arbeit: Öffentlichkeitsarbeit zu Zwängen und Trichotillomanie durch Infostände auf Kongressen. Planung und Durchführung der Selbsthilfegruppen-Bundestreffen. Erarbeitung und Durchführung des 7-Schritte-Seminars für Selbsthilfegruppen. 2003 Organisation und Durchführung der 2. Trichotillomanie Tagung am UKE in Hamburg. Seit 2004 Vorsitzende der DGZ e.V.

Jetziger Arbeitsbereich: Chefredakteurin der Z-aktuell, Ansprechpartnerin der Medien für Zwänge und Trichotillomanie. Regelmäßiger Austausch mit allen Gremien des Vereins. Kontaktpflege zur Schweizerischen Gesellschaft für Zwangsstörungen und der Tourette-Gesellschaft Deutschland. Referentin für „Irre menschlich e.V." für Zwangsstörungen und Trichotillomanie an Hamburger Schulen. Unterstützung und Beratung von Selbsthilfegruppen. Regelmäßiges Beratungsangebot für Trichotillomanie-Betroffene, Angehörige und Interessierte. Aufbau eines Therapeuten-Netzwerkes zur Trichotillomanie.

Kontakt:
Antonia Peters
Papenstraße 63 B, 22089 Hamburg
Telefon: (040) 200 61 39
E-Mail: TrichoHH@t-online.de

Prof. Dr. med. Iver Hand
Geburtsort und -jahr: Süderholm/Norderdithmarschen, 1941
Ausbildung/Studium: Studium der Medizin in Kiel, Wien, München und Hamburg. Verhaltenstherapeutische Weiterbildung in London (mit Stipendium der Deutschen Forschungsgemeinschaft) und Montreal (1971 bis 1974).
Besondere Schwerpunkte: Gründung und Leitung des Bereiches Verhaltenstherapie am Zentrum für Psychosoziale Medizin des Universitätsklinikums Hamburg-Eppendorf (1976 bis 2006). Zwischenzeitlich vertretungsweise Wahrnehmung von C2 und C4 Professuren für Klinische Psychologie/Verhaltenstherapie an der Universität Hamburg. Entwicklung einer biographisch und strategisch-systemisch orientierten Form der multimodalen Verhaltenstherapie (seit 1976). Lehre in den meisten Ländern Europas, in Nordamerika und Asien. Mehrere hundert Publikationen mit dem Team (6 Sprachen). Schwerpunkte der Forschung: Angst-, Zwangs- und Zwangsspektrum- (pathologisches Glücksspielen, Trichotillomanie u. a.) Störungen. Berater der Kassenärztlichen Bundesvereinigung bei der Einführung der Verhaltenstherapie in die kassenärztliche Versorgung. Mitbegründer und 1. Vorsitzender des IWVT (Institut für Weiterbildung in der VT) und Gesellschafter, Dozent und Supervisor im daraus hervorgegangenen IVAH (Institut für Ausbildung in Ver-

haltenstherapie) in Hamburg. Gründungsvorsitzender (1995 bis 1999) der Deutschen Gesellschaft Zwangserkrankungen e.V.

Jetziger Arbeitsbereich: Seit 2006 Fortsetzung der Leitung des „Spieler-Projektes" am UKE (bis März 2008) und eigenes Büro in der „Verhaltenstherapie Falkenried". Weiterhin Mitglied der Medizinischen Fakultät der Universität Hamburg. Seit 2005 Ehrenvorsitzender der Deutschen Gesellschaft Zwangserkrankungen e.V.

Kontakt:
Prof. Dr. med. Iver Hand
Medizinisches Verhaltenstherapeutisches Zentrum Hamburg-Eppendorf
Falkenried 7, 20251 Hamburg
Telefon: (040) 429 33 69-0
E-Mail: info@vt-falkenried.de
Internet: www.vt-falkenried.de

Jürgen Behn
Geburtsort und -jahr: Grevesmühlen, 1944
Ausbildung: Erstausbildung Schlosser, Ausbildung zum Friseur, Meister seit 1967. Besondere Schwerpunkte in der Ausbildung: von 1962 bis 1963 Ausbildung bei L'Oreal in Frankreich.

Jetziger Arbeitsbereich: 1974 bis 2008 Inhaber des väterlichen Friseursalons.

Kontakt über Antonia Peters (s.o.)

Dr. phil. Aba Delsignore
Geburtsort und -jahr: Bellinzona (Schweiz), 1971
Ausbildung/Studium: Studium der klinischen Psychologie an der Universität Fribourg, Abschluss 1995, Ausbildung in kognitiver Verhaltenstherapie an der Universität St. Bernhard in Lyon (Frankreich) und am Center for Cognitive Therapy in Philadelphia (USA). Fachpsychologin für Psychotherapie FSP, langjährige Tätigkeit als kognitive Verhaltenstherapeutin in der Schweiz und in den USA vorwiegend bei Angst- und affektiven Störungen.

Jetziger Arbeitsbereich: Seit 2002 an der Psychiatrischen Poliklinik des Universitätsspitals Zürich tätig. Klinischer Schwerpunkt: Angstspektrumsstörungen und Gruppentherapien, wissenschaftliche Arbeit zu den Themen: Therapieerwartungen und Wirkfaktoren in Gruppentherapien.

Kontakt:
Dr. phil. Aba Delsignore
Universitätsspital Zürich / Psychiatrische Poliklinik
Culmannstrasse 8, CH-8091 Zürich
E-Mail: aba.delsignore@usz.ch

Dipl.-Psych. Dr. Michael Foltys
Geburtsort und -jahr: Elgersburg/Landkreis Ilmenau, 1958
Ausbildung/Studium: 1979–1984 Studium der Psychologie in Jena. Besondere Schwerpunkte in der Ausbildung: Tiefenpsychologisch fundierte Psychotherapie, Multimodale Verhaltenstherapie, Katathymes Bilderleben, EMDR, Autogenes Training & Hypnose. Verhaltenstherapie in Gruppen, Kinder- und Jugendtherapie.

Jetziger Arbeitsbereich: Dozent am Institut für Verhaltenstherapie Brandenburg, Lehrpraxisinhaber für Verhaltenstherapie, Niederlassung als Psychologischer Psychotherapeut. Besondere Schwerpunkte: In der Praxis werden bevorzugt Patienten mit Angst- und Zwangserkrankungen sowie mit Zwangsspektrumsstörungen behandelt. Zu letzteren zählen Patienten mit Trichotillomanie, Hypochondrie, somatoformen Störungen und anderes mehr.

Kontakt:
Lehrpraxis für Verhaltenstherapie
Dr. Michael J. Foltys
Am Planetarium 8, 07743 Jena
Telefon: (03641) 63 72 38
E-Mail: Dr. Michael@Foltys.de
Internet: www.dr.foltys.de

Dipl.-Psych. Hildegard Goletz
Geburtsort und -jahr: Köln, 1968
Ausbildung/Studium: Studium an der Universität zu Köln, Psychologische Psychotherapeutin. Besondere Schwerpunkte in der Ausbildung: 1999–2001 wissenschaftliche Mitarbeiterin im Rahmen des psychoonkologischen Projektes „Lebensqualität" an der Klinik I für innere Medizin an der Universität zu Köln. 2001–2002 wissenschaftliche Mitarbeiterin an der Klinik und Poliklinik für Psychiatrie und Psychotherapie des Kindes- und Jugendalters am Klinikum der Universität zu Köln.

Jetziger Arbeitsbereich: Seit 2002 Leiterin der Schwerpunktambulanz Angst-, Zwangs-, und Ticstörungen am Ausbildungsinstitut für Kinder- und Jugendlichenpsychotherapie (akipköln) und wissenschaftliche Mitarbeiterin am Klinikum der Universität zu Köln. Forschungsschwerpunkte: Diagnostik und Psychotherapie von Zwangsstörungen.

Kontakt:
Ausbildungsinstitut für Kinder- und Jugendlichen-
psychotherapie (akipköln)
am Klinikum der Universität zu Köln
Robert-Koch-Str. 10, 50931 Köln
Telefon: (0221) 478 78 76
E-Mail: hildegard.goletz@uk-koeln.de

RA. Wolf Hartmann
Geburtsort und -jahr: Bonn, 1960
Ausbildung/Studium: Studium der Rechtswissenschaft in Hamburg

Jetziger Arbeitsbereich: Rechtsanwalt in Hamburg, Geschäftsführer der Deutschen Gesellschaft Zwangserkrankungen e.V. und 2. Vorsitzender der Tourette-Gesellschaft Deutschland e.V.

Kontakt über Antonia Peters (s.o.)

Rainer Hoffmann
Geburtsort und -jahr: Dortmund, 1966
Ausbildung/Studium: 1989–1996 Studium der Humanmedizin in Münster, 1996–1997 AiP im Alexianer-Krankenhaus Münster, 1997 Approbation als Arzt. Seit 1996 Assistenzarzt im Alexianer-Krankenhaus Münster.

Jetziger Arbeitsbereich: Seit 1998 ausschließlich Behandlung von Patienten mit Zwangsstörungen und Trichotillomanie.

Kontakt:
Rainer Hoffmann
Erich-Kühn Straße 1, 44329 Dortmund
E-Mail: Hoffmannmail@web.de

Dipl.-Psych. Dr. phil. Annett Neudecker
Geburtsort und -jahr: Rodewisch, 1968
Ausbildung/Studium: Studium der Psychologie in Leipzig und Hamburg, Abschluss mit Diplom 1996, Approbation als Psychologische Psychotherapeutin (Verhaltenstherapie) 2003, Promotion an der Universität Hamburg zur Therapie bei Trichotillomanie, Abschluss 2005. Besondere Schwerpunkte in der Ausbildung: Verhaltenstherapie bei Erwachsenen, v. a. Zwangs- und Zwangsspektrumsstörungen

Jetziger Arbeitsbereich: Angestellte Psychologin am Bezirkskrankenhaus Landshut (Erwachsenenambulanz); dort VT mit Erwachsenen und Testpsychologie; Privatpraxis für Verhaltenstherapie in Landshut; Dozentin und Supervisorin am Ausbildungsinstitut für Verhaltenstherapie Regensburg.

Kontakt:
Dipl.-Psych. Dr. Annett Neudecker
Isargestade 732, 84028 Landshut
Telefon: (0871) 143 69 43
E-Mail: vt-praxis.neudecker@t-online.de

Dr. med. Veit Rößner
Geburtsort und -jahr: Bamberg, 1973
Ausbildung/Studium: Studium der Medizin, Weiterbildung zum Facharzt für Kinder- und Jugendpsychiatrie. Seit 2003 Forschungsschwerpunkt: Tic-Störungen/AHDS/Zwangsstörungen.

Jetziger Arbeitsbereich: Leitender Oberarzt der Klinik für Kinder- und Jugendpsychiatrie/Psychotherapie der Universität Göttingen. Spezialsprechstunde Tic-Störungen/AHDS/Zwangsstörungen.

Kontakt:
Dr. med. Veit Rößner
Klinik für Kinder- und Jugendpsychiatrie/Psychotherapie
Georg-August-Universität Göttingen
Von-Siebold-Straße 5, D-37075 Göttingen
Telefon: (0551) 39-66 10
E-Mail: vroessn@gwdg.de

PD Dr. med. Michael Rufer
Geburtsort und -jahr: Berlin, 1967
Von 1999–2004 Oberarzt des Arbeitsbereiches Verhaltenstherapie im Universitätsklinikum Eppendorf. Seit Jahren Tätigkeit als Verhaltenstherapeut, Verhaltenstherapie-Supervisor, Dozent in der Verhaltenstherapie-Ausbildung sowie als systemischer Therapeut. Vielfache Publikationen zu verschiedenen Themen der Psychotherapie und Psychopharmakotherapie.

Jetziger Arbeitsbereich: Seit 2004 Leitender Arzt der Psychiatrischen Poliklinik des Universitätsspitals Zürich. Dort wird eine Spezialsprechstunde für Zwangsspektrumstörungen angeboten, in welcher Menschen mit Trichotillomanie spezifisch beraten und behandelt werden. Seit 2008 Vorsitzender der Schweizerischen Gesellschaft für Zwangsstörungen (SGZ).

Kontakt:
PD. Dr. med. Michael Rufer
Psychiatrische Poliklinik Universitätsspital Zürich
Culmannstrasse 8, CH-8091 Zürich
E-Mail: michael.rufer@usz.ch

Dr. med. Marion D. Runnebaum
Geburtsort und -jahr: Ehingen Alb-Donau-Kreis, 1973
Ausbildung/Studium: 1995–2002 Studium der Humanmedizin an der Universität Ulm und der Universität Freiburg 2002–2005 an der Hautklinik der Universität in Freiburg. Besondere Schwerpunkte in der Ausbildung: Haarsprechstunde, Lasertherapie.

Jetziger Arbeitsbereich: Seit 2006 Praxistätigkeit in Jena in der Hautarztpraxis. Schwerpunkt: allgemeine Dermatologie, operativer Schwerpunkt, Haarsprechstunde, Ästhetische Dermatologie.

Kontakt:
Dr. med. Marion Runnebaum
Praxis für Venen- und Hauterkrankungen
Engelplatz 8, D-07743 Jena
Telefon: (03641) 69 91 00
www.venenpraxisjena.de

Info- und Beratungsstelle Trichotillomanie
von Antonia Peters

Die Infostelle wurde 1988 von Ann Tomica gegründet, die seit ihrer Jugend selbst von Trichotillomanie betroffen ist. Erste Informationen zur Erkrankung erhielt sie Mitte der achtziger Jahre von Familienangehörigen aus den USA. Auf der Suche nach weiteren Betroffenen veröffentlichte sie Artikel in Frauenzeitschriften. Über 150 Betroffene meldeten sich daraufhin bei ihr, die sie mit Informationen versorgte.
Auf Ann Tomicas Anregung hin führte der damalige Leiter der Verhaltenstherapie-Ambulanz des UKE-Hamburg, Prof. Dr. med. Iver Hand, mit seinen Mitarbeitern 1995 die erste deutsche Studie zu Trichotillomanie durch.
Durch einen Artikel in einer Hamburger Tageszeitung wurde ich 1997 auf diese Studie aufmerksam und lernte auch Ann Tomica kennen. Durch verstärktes Interesse der Medien und der Einrichtung der ersten Webseite www.trichotillomanie.de suchten im Laufe der Jahre immer mehr Betroffene und Angehörige Rat und Unterstützung bei der Infostelle. Leider war es Ann aus zeitlichen Gründen nicht mehr möglich, die Information und Beratung der Betroffenen weiter fortzuführen, weshalb sie mir Ende 1999 die Infostelle Trichotillomanie übergab.

Seitdem ist es mein Anliegen, Betroffene und Angehörige über therapeutische Möglichkeiten, erfahrene Therapeuten und Selbsthilfegruppen zu informieren. Für viele der ca. 150 Menschen, die im Jahr bei mir anrufen, bin ich der erste Mensch, mit dem sie über das Haareausreißen sprechen. Es bereitet vielen große Überwindung, mich anzurufen. Ich selber erinnere mich, wie ich 1997 drei Tage lang mein Telefon umkreiste, weil ich mich nicht traute, im UKE anzurufen. Hätte ich damals meine Scham und Angst nicht überwunden, hätte ich nicht an der Studie zu Trichotillomanie teilgenommen und nicht die therapeutische Hilfe bekommen. Nun ist mir aber heute möglich, mit kleinen Rückfällen gut und zufrieden zu leben.

Ohne die fachliche Unterstützung von renommierten Wissenschaftlern und Therapeuten wäre meine Arbeit nicht möglich. Darum pflege ich regelmäßigen Kontakt zu Universitäten, Kliniken und ambulanten Behandlern. Denn nur so kann langfristig eine optimale Behandlung von Trichotillomanie-Patienten sichergestellt werden.

Eine wichtige Rolle bei der Aufklärung nehmen die Medien ein. Viele Betroffene haben durch einen Zeitungsartikel oder Fernsehbericht erfahren, dass sie an Trichotillomanie leiden. Deshalb stehe ich Journalisten und Redakteuren gerne als Ansprechpartnerin zur Verfügung, damit Trichotillomanie noch bekannter wird.

Die Infostelle bietet diese Leistungen an:
- Telefonische Beratung
- Hinweise auf geeignete Therapeuten (siehe: www.trichotillomanie.de)
- Hinweise auf und ggf. Unterstützung bei der Gründung von Selbsthilfegruppen
- Seminare und Beratung für Selbsthilfegruppen
- Ausführliche schriftliche Informationen zur Erkrankung (Kostenbeteiligung 10,– EUR)
- bei Bedarf Informationsveranstaltungen zur Trichotillomanie in den Regionen
- Therapeuten-Netzwerk: Das Netzwerk dient dem gegenseitigen Austausch und der Unterstützung von Therapeuten untereinander. Den Kontakt zum Netzwerk vermittelt die Infostelle gerne.

- Trichotillomanie im Internet:
  Es gibt gute deutschsprachige Webseiten zur Trichotillomanie. Neben Erfahrungsberichten von Betroffenen und Angehörigen finden sich dort auch Fachartikel zur Erkrankung, Hinweise auf erfahrene Therapeuten, Friseure, ausführliche Literaturlisten und Presseveröffentlichungen. Die bekanntesten Seiten sind:

  www.trichotillomanie.de – Evas Homepage, mit Newsletter
  www.trich.de – Stephs Homepage
  www.trichotillomanie.ch – Schweizer Homepage

Die Infostelle erreichen Sie:
- per Post: Antonia Peters, Papenstraße 63 B, 22089 Hamburg
- per E-Mail: TrichoHH@t-online.de
- per Telefon: (040) 200 61 39
- per Fax: (040) 689 13 702
- Sprechzeiten: Mo. bis Mi. 10.00–12.00 Uhr sowie Mo. 18.00–22.00 Uhr

Die Beratung ist kostenlos! Ich erbitte für meine Arbeit aber eine Spende zu Gunsten der Deutschen Gesellschaft Zwangserkrankungen e.V. (DGZ), die seit Jahren das Beratungsangebot finanziert.

Das Spendenkonto lautet:

DGZ e.V.
Kontonummer: 780 30
Bankleitzahl: 265 501 05 (Sparkasse Osnabrück)
Verwendungszweck: Beratungsangebot TTM

Literatur

Bachmann, M.: Trichotillomanie, Komorbidität und Therapie. Monatsschrift Kinderheilkunde, Bd. 145, 12, S. 1293–1296, 1997.
Bear, L.: Alles unter Kontrolle. Göttingen: Huber, 3. Auflage 2007.
Bloch, M. H./Landeros-Weisenberger, A./Dombrowski, P./Kelmendi, B./Wegner, R./ Nudel, J./Pittenger, C./Leckman, J. F./Coric, V.: Systematic review: pharmacological and behavioral treatment for trichotillomania. Biol Psychiatry. 2007 Oct 15; 62(8):839–46.
Boekhoff, I.: Tipps für Selbsthilfegruppen in Z-aktuell Ausgabe 1/2003.
Bohne, A.: Trichotillomanie. In Schulte D., Grawe K., Hahlweg K., Vaitl D. (Hrsg.) Fortschritte in der Psychotherapie: Manual für die Praxis. Göttingen: Hogrefe 2009.
Bruce, T. O./Barwick, L.W./Wright, H. H. (2005): Diagnosis and Management of Trichotillomania in Children and Adolescents. Pediatric Drugs, 7 (6), pp. 365–376.
Deslauries, L.: Haare im Licht – Schönes Haar – strahlendes Selbst. Königsfurt, 2004.
Deutsche Gesellschaft Zwangserkrankungen e.V.: Leitfaden für Selbsthilfegruppen, www.zwaenge.de
Golomb, R. G./Vavrichek, S. M. (2005): The Hair Pullling „Habit" and You. How to Solve the Trichotillomania Puzzle. Silver Spring, Maryland: Writers' Cooperative of Greater Washington.
Franklin, M. E./Tloin, D. F./Diefenbach, G. J. (2006): Trichotillomania. In E. Hollander & D J. Stein (Hrsg.), Clinical manual of impulse-control disorders (S. 150–175), Arlington VA: American Psychiastrie Publishing.
Fricke, S./Rufer, M./Hand, I.: Verhaltenstherapie bei Zwangsstörungen – Fallbasierte Therapiekonzepte. Urban & Fischer, 2006.
Fricke, S./Hand, I.: Zwangsstörungen verstehen und bewältigen – Hilfe zur Selbsthilfe. Balance Buch + Medien, 2008.
Holzer, M./Peters, A.: Das 7-Schritte-Programm – Lösungsorientiertes Arbeiten in Selbsthilfegruppen. www.zwaenge.de
Keuthen, N. J./Stein, D. J./Christenson, G. A. (2001): Help for Hair Pullers. Understanding and Coping with Trichotillomania. Oakland: New Harbinger Publications, Inc.
Krüger, A.: Trichotillomanie – oder wenn Haare zum Zwang werden. Books on Demand, 2001.
Louden, J.: Tu dir gut – Das Wohlfühlbuch für Frauen, Verlag Hermann Bauer, 1995.
Mardorf, E.: Ich schreibe täglich an mich selbst – Im Tagebuch die eigenen Stärken entdecken. Kösel-Verlag, 1999.
Moll, G./Dawirs, R./Niescken, S.: Hallo, hier spricht mein Gehirn. Beltz, 2006.
Neudecker, A./Rufer, M.: Ambulante Verhaltenstherapie bei Trichotillomanie: Überblick, Störungsmodell und Fallbeispiel. Verhaltenstherapie 2004; 14: 90–98

Neudecker, A./Rufer, M.: Trichotillomanie – eine Störung zwischen Zwang und Impuls. MMW Fortschr Med. 2004; 146(45): 40–42.

Nolen-Hoeksema, S.: Warum Frauen zu viel denken – Wege aus der Grübelfalle. Eichborn 2004.

Penzel, F. (2003): The hair-pulling problem: a complete guide to trichotillomania. Oxford: Oxford University Press.

Reeve, E. (1999): Hair Pulling in Children and Adolescents. In: Stein, D. J./Christenson, G. A./Hollander, E. (eds.). Trichotillomania. Washington, DC, London: American Psychiatric Press, Inc., pp. 201–224.

Rothenberger, L.: Lichttherapie – Der sanfte Weg zu Schwung und Energie – Nie mehr Winterdepressionen – Praktische Anwendungen. Ehrenwirth med.

Rufer, M./Neudecker, A. (2005): Trichotillomanie – Angst vor Entdeckung beeinträchtigt oft die Lebensqualität. Schweizer Zeitschrift für Psychiatrie & Neurologie 3: 38–41.

Rufer, M./Fricke, S.: Der Zwang in meiner Nähe – Rat und Hilfe für Angehörige zwangskranker Menschen. München: Huber, 2008.

Schoefer, L.: Qigong – Hilfen für den Alltag. Falken.

Selby, J.: Was mich stark macht – Mehr Lebensqualität durch Mind Management. DTV, 2003.

Sieczka, H. G.: Affirmationen »Ich mag mich« Liebevolle Gedanken für sich selbst. Synthesis.

Stein, D. J./Christenson, G. A./Hollander, E. (eds.) (1999): Trichotillomania. Washington, DC, London: American Psychiatric Press, Inc.

Stengler, K.: Zwänge verstehen und hinter sich lassen; Stuttgart: TRIAS 2007.

Woods, D. W./Flessner, C./Franklin, M. E./Wetterneck, C. T./Walther, M. R./Anderson, E. R./Cardona, D. (2006). Understanding and Treating Trichotillomania: What We Know and What We Don't Know. The Psychiatric Clinics of North America, 29, pp. 487–501.

Woods, D. W./Miltenberger, R. G.: Tic Disorders, Trichotillomania, and Other Repetitive Behavior Disorders – Behavioral Approaches to Analysis and Treatment. Springer, 2006.

CDs

Eberwein, W.: Selbstheilungskräfte in der Seele entfalten. Selbsthypnose mit Musik [Audiobook] (Audio CD). Kösel, 1996.

Sonntag, R.: Blitzschnell entspannt – 12 verblüffend leichte Wege, wie Sie in Sekunden innere Ruhe finden und neue Kraft schöpfen. Thieme 1999.

Wölk, Ch.: Talk to him – Computergestütztes Therapieprogramm zum Buch „Zwänge verstehen und bewältigen", von Fricke/Hand. Balance Buch + Medien, 2007.

Dokumentation „Straight From The Heart" über das Leben mit Trichotillomanie (15 min., in englischer Sprache mit deutschen Untertiteln) , Trichotillomania Learning Center, USA; deutsche Übersetzung und Untertitel: Markus Janssen (2007). Als DVD über die Infostelle Trichotillomanie zu beziehen.

Adressen

Infostelle Trichotillomanie
Antonia Peters
Papenstraße 63 B, 22089 Hamburg
Telefon: (040) 200 61 39
Sprechzeiten: Mo. bis Mi. 10.00–12.00 Uhr, sowie Mo. 18.00–22.00 Uhr
Email: TrichoHH@t-online.de

Deutsche Gesellschaft Zwangserkrankungen e.V.
Postfach: 70 23 34, 22023 Hamburg
Internet: www.zwaenge.de

Schweizerische Gesellschaft für Zwangsstörungen e.V.
Internet: www.zwaenge.ch

NAKOS – Nationale Kontakt und Informationsstelle zur Anregung und Unterstützung von Selbsthilfegruppen
Wilmersdorfer Straße 39, 10627 Berlin
Telefon: (030) 31 01 89 60
Internet: www.nakos.de

Christoph Wölk, Andreas Seebeck

Brainy, das Anti-Zwangs-Training

Ein computergestütztes Übungsprogramm zur Überwindung von Zwangshandlungen und Zwangsgedanken

Buch und CD-ROM können in zweifacher Hinsicht bei der Psychotherapie von Zwangsstörungen mit Erfolg eingesetzt werden. Hierzu enthält das Buch zum einen eine patientengerechte Darstellung, wie Zwangsstörungen entstehen, was sie aufrechterhält und auf welche Weise verhaltenstherapeutische Interventionen dabei hilfreich sind, sie zu überwinden.

Zum anderen befindet sich auf der beiliegenden CD-ROM das für den PC unter Windows (95, 98, NT, 2000, XP) entwickelte "Anti-Zwangs-Training (AZT)". Dieses umfasst zum einen den "OCD-Trainer", bei dem der virtuelle Co-Therapeut "Brainy" den Patienten dazu anleitet, in seiner häuslichen Umgebung regelmäßige Expositions- (Konfrontations-) Übungen gegen den Zwang durchzuführen. Darüber hinaus beinhaltet das AZT eine Software, die es ermöglicht, sich durch auditiv-visuelle Expositionsübungen von Zwangsgedanken zu befreien. Das gleiche Programm kann auch in der therapeutischen Behandlung anderer psychischer Störungen, wie z.B. Ängste, Depressionen oder Essstörungen, gute Dienste leisten, denn es ermöglicht dem Patienten selber etwas zur Überwindung seiner Erkrankung zu tun. Durch das wiederholte Anhören von selbstaufgesprochenen Merksätzen gelingt es ihm, (wieder) "gesunde" Denkweisen zu etablieren.

PABST SCIENCE PUBLISHERS
Eichengrund 28
D-49525 Lengerich,
Tel. ++ 49 (0) 5484-308,
Fax ++ 49 (0) 5484-550,
pabst.publishers@t-online.de
www.pabst-publishers.de

164 Seiten, ISBN 978-3-935357-10-4
Preis: 40,- Euro

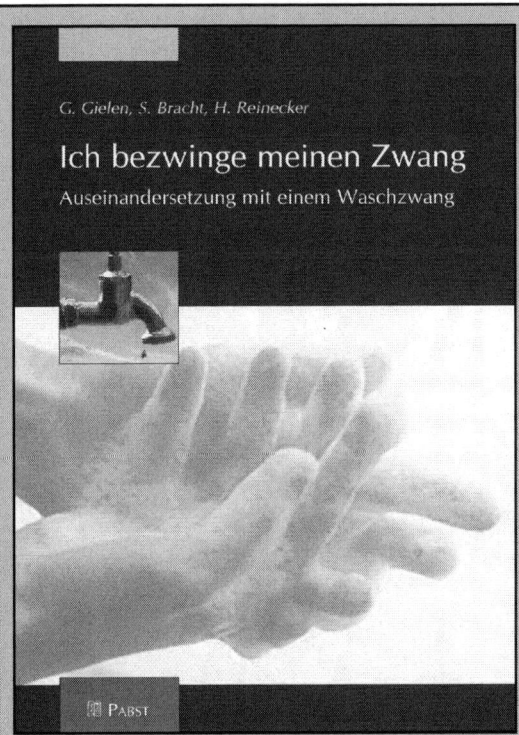

G. Gielen, S. Bracht, H. Reinecker

Ich bezwinge meinen Zwang
Auseinandersetzung mit einem Waschzwang

Zwänge sind eine sehr häufige Störung, die für den Betroffenen eine enorme Belastung und Einschränkung bedeuten. Ohne fremde Hilfe ist eine Therapie nicht möglich. In dem Buch beschreibt der Erstautor am Beispiel seiner eigenen Erkrankung einen Weg, der erfolgreich aus dem Zwang herausführt. Das Buch dient als Quelle für Betroffene und Angehörige, es kann auch für andere Zwangskranke eine wertvolle Information darstellen, ihren eigenen Weg aus der Zwangserkrankung zu finden.

192 Seiten
ISBN 978-3-89967-223-7
Preis: 15,- Euro

PABST SCIENCE PUBLISHERS
Eichengrund 28
D-49525 Lengerich
Phone ++ 49 (0) 5484-308
Fax ++ 49 (0) 5484-550,
E-mail: pabst.publishers@t-online.de
Internet: www.pabst-publishers.de

Willi Ecker

Verhaltenstherapie bei Zwängen

Eine praxisnahe Darstellung kognitiv-behaviouraler Verfahren zur Behandlung von Zwängen.

Nach der Beschreibung der Erscheinungsformen, Diagnostik und Komorbiditäten der Zwangsstörung sowie der lerntheoretischen, kognitiven und neurobiologischen Erklärungsansätze wird das verhaltenstherapeutische Vorgehen beim Expositions-Reaktions-Management und bei kognitiven Interventionen anhand zahlreicher Fallbeispiele konkret geschildert.

Auch auf die therapeutische Beziehungsgestaltung, den Umgang mit intrapsychischen und interaktionellen Funktionalitäten der Zwänge, die Rolle akzentuierter Persönlichkeitsstile und die Aufarbeitung lebensgeschichtlicher Entwicklungsbedingungen der Zwangsstörung wird intensiv eingegangen.

Spezifika der Behandlung unterschiedlicher Subtypen (Kontrollzwänge, Wasch- und Reinigungszwänge, Zwangsgedanken, Sammelzwänge etc.), der Stellenwert der Pharmakotherapie und die Wahl des Behandlungssettings (stationär vs. ambulant) werden ebenfalls erörtert.

PABST SCIENCE PUBLISHERS
Eichengrund 28
D-49525 Lengerich,
Tel. ++ 49 (0) 5484-308,
Fax ++ 49 (0) 5484-550,
pabst.publishers@t-online.de
www.pabst-publishers.de

184 Seiten, ISBN 978-3-935357-93-7
Preis: 20,- Euro

Trichotillomanie
Fragen und Antworten zum zwanghaften Haare ausreißen